KLARTEXT

Achim Nöllenheidt

RuhrTOUR

Der smarte Ruhrgebietsführer

AUSFLÜGE MIT KINDERN

Ruhrgebiet Kompakt

Bildnachweis:
Axel Thünker DGPh für LVR-Archäologischer Park Xanten/LVR-RömerMuseum 10-13; Adventurepark Xanten/Martin Bergmann 14, 15; TerraZoo Rheinberg 16; Hans Blossey 17, 25, 39 o., 46, 75, 79, 80, 97, 109, 110; NRZ 18; Landschaftspark Duisburg-Nord/Thomas Berns 20, 21; EXPLORADO Duisburg 22, 23; Stefan Ziese 24, 37, 39 u., 43, 44/45, 81, 91, 98; Rheinisch-Westfälische Wasserwerksgesellschaft mbH/Andreas Köhring 27-29; Naturbad Mülheim 30, 31; RWW/Haus Ruhrnatur 32, 33; Wodo Puppenspiel 34; Kletterzentrum Neoliet 55; Jugendfarm Essen 56, 57; Helmut Metz 58; Miroslaw Fröhlich 59 o.; Dr. Udo Siepmann 59 u.; Zauberkasten 67; Tierpark Bochum/C.Hoppe 68, 69; Planetarium Bochum 70, 71; LWL-Industriemuseum/Annette Hudemann 72, 93 / LWL-Industriemuseum/Sebastian Cintio 94/95; Erlebnispark Gevelsberg 76, 77; Stadt Gevelsberg 78; Naturwildpark Granat/Holger Beckmann 82, 83; Ketteler Hof 84-87; Bauspielfarm Recklinghausen 88; Westfälische Volkssternwarte 89; Andreas Fechner 90; Jochen Musebrink 99; Archiv Westfalenpark 102, 103; Kulturservice-Ruhr/Carola Kortfunke 104; StandOut 105; Bädergesellschaft Lünen mbH 106; Lippetouristik 107; Kluterthöhle und Freizeit GmbH & Co. KG 111; Philippe Crochet 113; Stefan Scherer 114; Thorsten Hübner 115-117; Maximare 118, 119; Tierpark Hamm 120 ; FUNKE Foto Services: Fabian Strauch 8, 9, 36 / Volker Herold 18 / Zoltan Leskovar 19 / Udo Milbret 26 / Michael Dahlke 35 / Christoph Wojtyczka 41 o. / Olaf Fuhrmann 41 u. / Lars Heidrich 42, 47, 48 / Mengedoht 49 / Volker Hartmann 50, 51 / André Hirtz 53 o. / Kerstin Kokoska 53 u., 54 / Michael Korte 60/61, 64 / Jürgen Theobald 66 / Uwe Möller 73 / Ralf Rottmann 100/101

Bibliografische Information der Deutschen Nationalbibliothek
Die Deutsche Nationalbibliothek verzeichnet diese Publikation in der Deutschen Nationalbibliografie; detaillierte bibliografische Daten sind im Internet über http://dnb.dnb.de abrufbar.

Impressum

1. Auflage Februar 2020

Text & Konzeption: Achim Nöllenheidt, Vanessa Gerhards
Satz und Gestaltung: Achim Nöllenheidt
Umschlaggestaltung: Ina Zimmermann
Umschlagbilder außen und innen: Stefan Ziese
Druck und Bindung: Griebsch & Rochol Druck GmbH
Gabelsbergerstraße 1, D-59069 Hamm

ISBN 978-3-8375-2187-0

KLARTEXT
Jakob Funke Medien Beteiligungs GmbH & Co. KG
Jakob-Funke-Platz 1, 45127 Essen
info@klartext-verlag.de, www.klartext-verlag.de

INHALT

1 Xanten | Freizeitzentrum Xanten 8
2 Xanten | LVR-Archäologischer Park mit RömerMuseum 12
3 Xanten | Adventurepark Xanten 14
4 Rheinberg | TerraZoo Rheinberg 16
5 Kamp-Lintfort | Freizeitpark Pappelsee 17
6 Moers | Freizeitpark 18
7 Duisburg | Wasserspielplatz Wedau 19
8 Duisburg | Landschaftspark Duisburg-Nord 20
9 Duisburg | Explorado Kindermuseum 22
10 Duisburg | Sechs-Seen-Platte 24
11 Duisburg | Revierpark Mattlerbusch 26
12 Mülheim an der Ruhr | Aquarius Wassermuseum 27
13 Mülheim an der Ruhr | Naturbad Mülheim 30
14 Mülheim an der Ruhr | Haus Ruhrnatur 32
15 Mülheim an der Ruhr | Figurentheater Wodo Puppenspiel 34
16 Mülheim an der Ruhr | Arche-Park Tiergehege Witthausbusch 35
17 Oberhausen | LEGOLAND Discovery Center 36
18 Oberhausen | AQUApark Oberhausen 38
19 Oberhausen | Kaisergarten Oberhausen 40
20 Bottrop | Freizeitpark Schloss Beck 42
21 Bottrop | Freizeitzentrum Grafenmühle 46
22 Bottrop | Grusellabyrinth NRW 47
23 Bottrop | Movie Park Germany 48
24 Essen | Phänomania Erfahrungsfeld 50
25 Essen | Grugapark und -bad 52
26 Essen | Neoliet Easy-Climb Essen 55
27 Essen | Jugendfarm 56
28 Essen | Walter-Hohmann-Sternwarte Essen 58
29 Gelsenkirchen | Trampolino 62
30 Gelsenkirchen | Ziegenmichelhof 63
31 Gelsenkirchen | Alma Park Gelsenkirchen 64
32 Gelsenkirchen | Kinderland im Nordsternpark 65

33 Herne | Revierpark Gysenberg / LAGO 66
34 Bochum | Zauberkasten 67
35 Bochum | Tierpark und Fossilium 68
36 Bochum | Planetarium Bochum 70
37 Bochum | Zeche Knirps 72
38 Witten | LWL-Industriemuseum Zeche Nachtigall 73
39 Witten | Freizeitzentrum Kemnade 74
40 Gevelsberg | Erlebnispark Gevelsberg 76
41 Gevelsberg | Schwimm in Gevelsberg 78
42 Hagen | Erlebnisbad Hestert 79
43 Gladbeck | Freizeitstätte Wittringen 80
44 Dorsten | Atlantis 81
45 Haltern am See | Naturwildpark Granat 82
46 Haltern am See | Freizeitpark Ketteler Hof 84
47 Recklinghausen | Bauspielfarm 88
48 Recklinghausen | Westfälische Volkssternwarte/Planetarium 89
49 Recklinghausen | Umspannwerk Recklinghausen 90
50 Oer-Erkenschwick | Freizeitstätte Stimbergpark / maritimo 91
51 Waltrop | LWL-Industriemuseum Schiffshebewerk Henrichenburg .. 92
52 Dortmund | Erlebniswelt am Fredenbaum – Big Tipi 96
53 Dortmund | DASA Arbeitswelt Ausstellung 98
54 Dortmund | Kindermuseum Adlerturm 99
55 Dortmund | Revierpark Wischlingen 100
56 Dortmund | Westfalenpark 102
57 Dortmund | mondo mio! Kindermuseum im Westfalenpark 104
58 Lünen | Freizeitanlage Cappenberger See 106
59 Lünen | GeoCaching 107
60 Lünen | Seepark 108
61 Holzwickede | Freibad Schöne Flöte 110
62 Ennepetal | Kluterthöhle 111
63 Ennepetal | Krenzer Hammer 114
64 Hamm | Maxipark 115
65 Hamm | Maximare 118
66 Hamm | Tierpark 120

Symbole

Adresse

E-Mail/Internetadresse

Eintritt frei

bei schlechtem Wetter

bei schönem Wetter

Wasserspaß

Theater/Bühne

Abenteuer

Lernen/Entdecken

Museum

Altersbeschränkung

Gastronomie

barrierefrei

teilweise barrierefrei

Freizeitzentrum Xanten

FZX – InfoCenter
Am Meerend 2,
46509 Xanten
Tel. 02801/715656
Öffnungszeiten
10-13 und 13-17 Uhr

Schule für Wassersport
Beachline Xanten
Am Meerend 2,
46509 Xanten
Öffnungszeiten
April bis Oktober: täglich
10-18 Uhr, Termine nach
Absprache
info@beachline-xanten.de
www.beachline-xanten.de

Strandfeeling am Rande des Ruhrgebiets? In Xanten wird's möglich. Die Nord- und Südsee als Teile des Freizeitzentrums Xanten (FZX) bieten Strandidylle pur. Insgesamt stehen etwa 220 Hektar Wasserfläche zur Verfügung. Wassersportschulen bringen den interessierten Besuchern das Tauchen, Segeln oder Wasserskifahren bei.

Eine ganz besondere Attraktion ist die Adventuregolf-Anlage im Hafen Xanten, wo 18 naturnah gestaltete Bahnen zum kreativen Spiel- und Freizeitspaß einladen. Der Parcours führt über Wege und Brücken, entlang von Wasser- und Uferflächen. Für den nötigen Freizeitspaß sorgen außerdem die FZX-Flöße und -„Donuts". Wanderwege und Angelplätze sowie Spielstätten für die Kleinen sind ebenfalls vorhanden.

Die Xantener Nordsee mit dem maritimen Flair der Bootshäfen Vynen und Wardt und einer Größe von etwa 110 Hektar lädt ein zum Surfen, Segeln, Rudern, Elektroboot-, Tretboot- und Kanufahren. Ein Kanal zwischen den beiden Seen geleitet den Sommerurlauber zur Xantener Südsee. Hier liegen der Hafen Xanten mit dem Restaurant „Plaza del Mar" und das familienfreundliche Strandbad mit dem Aqua-Park und einem 1.000 Meter langen Sandstrand, wo man sich zwischen Strandliegen, Sonnenschirmen und in der Fun-Sport-Anlage mit Beachvolleyball tatsächlich wie an der See fühlt.

Dazu passt das umfangreiche Wassersport-Angebot: Die Wasserski- und Wakeboard-Seilbahn bietet einen fast 1.000 Meter langen Rundkurs am Schlepplift, der trendige Fitness-Funsport Stand Up Paddling sowie Surfen und Katamaransegeln gehören ebenfalls dazu. Zu einem echten Treffpunkt ist der Hafen Xanten übrigens auch in der kalten Jahreszeit geworden: In der WinterWorld locken eine Kunsteisbahn mit Eisstockschießen und eine urige Almhütte.

Wasserskianlage Xantener Südsee
Strohweg 2,
46509 Xanten
Tel. 02801/715656
Öffnungszeiten
Vorsaison (ab 30.3.) Fr ab 15 Uhr, Sa/So/Fei ab 12 Uhr;
Hauptsaison (ab 1.5.)
Mo-Fr ab 15 Uhr,
Sa/So/Fei ab 11 Uhr
f-z-x.de

In der Nähe

Das Restaurant Plaza del Mal liegt direkt am Xantener Hafen.
Plaza del Mar
Salmstr. 30,
46509 Xanten
Tel. 02801/9820815
info@f-z-x.de
www.plaza-del-mar.de
Öffnungszeiten
Mo-Sa 9-22 Uhr,
So 9-21.30 Uhr

www.f-z-x.de

Eintritt frei

APX

Der LVR-Archäologische Park
am Rande der Xantener Südsee

LVR-Archäologischer Park mit RömerMuseum

Am Rheintor,
(Eingang Hafentempel)
Am Amphitheater,
(Eingang Stadtzentrum)
Siegfriedstr. 39,
(Eingang LVR-RömerMuseum),
46509 Xanten
Tel. 02801/9889213

Öffnungszeiten
Park und LVR-RömerMuseum:
März bis Oktober:
täglich 9-18 Uhr;
November: täglich 9-17 Uhr;
Dezember bis Februar:
täglich 10-16 Uhr

Offene Führungen
Archäologischer Park (für Erwachsene und Kinder):
April bis Oktober:
Sa/So 14.30 Uhr;
LVR-RömerMuseum
(für Kinder):
März bis Oktober:
So 14 Uhr

Für Familien mit Kindern bietet der Archäologische Park viele Möglichkeiten an Spaß und Unterhaltung. Kinder können hier vieles anfassen und ausprobieren. Ein spannendes Abenteuer kann für die Jüngsten schon das Erkunden der Treppen und Gewölbe im Amphitheater und die steilen Stadtmauertürme sein oder die unterirdische Vorratskammer. Auch im LVR-RömerMuseum kommen die kleinen Gäste ganz auf ihre Kosten: Mehr als 30 Mitmachstationen laden Kinder in der gesamten Ausstellung dazu ein, Neues aus der Antike zu entdecken. Großer Beliebtheit bei Familien erfreut sich auch das Spielehaus, in dem die Generationen ihre Geschicklichkeit und ihr Glück bei römischen Spielen messen können. Eine Auszeit finden Groß und Klein beim großen Abenteuerspielplatz,

★ **TIPP**
Außerhalb des Archäologischen Parks (drei Minuten Fußweg, gut ausgeschildert) befindet sich die Werft mit ihren Schiffen. Das Team der Schiffbauer hat bislang vier Schiffe gebaut und rekonstruiert aktuell das fünfte Schiff.

beim Wasserspielplatz und beim riesigen Hüpfberg. Im Park verteilte Text-Bild-Tafeln und ein gedruckter Kurzführer liefern neugierigen Kindern eine Fülle von Antworten über die Römer. Für Wissensdurstige gibt es samstags und sonntags eine offene Führung, die sich mit der Geschichte von Tempeln, Toren und Thermen auseinandersetzt. Besonders empfehlenswert sind die Römischen Wochenenden von Mai bis September für große und kleine Handwerksinteressierte. Schuhmachern und Knochenschnitzern kann man bei ihrer Arbeit zusehen, ebenso kann man dem Schmied und den Weberinnen über die Schulter schauen. Das Beste: man darf auch selbst aktiv werden, denn die Handwerker zeigen wie es geht.

apx@lvr.de
www.apx.lvr.de

Adventurepark Xanten

Strohweg 2,
46509 Xanten
Tel. 02801/9879472
Öffnungszeiten
Sa/So/Fei 11-18 Uhr; in den NRW-Schulferien täglich, je nach Witterung sind kurzfristige Änderungen möglich.

Im Jahr 2006 wurde die Hochseilgartenanlage Xanten eröffnet. Ein Jahr später entstand ein Kinderparcours. Seit 2014 erstreckt sich der Hochseilgarten über drei Ebenen. Die niedrigste Höhe beginnt bei 1,5 Meter, die zweite Ebene ist 5,5 Meter hoch und die Maximalhöhe beläuft sich auf 10 Meter. Beim „Durchlauf" handelt es sich um ein Seilsicherungssystem, bei dem der Teilnehmer die Anlage komplett durchlaufen kann, ohne seine Sicherung umhängen zu müssen. Direkt beim Aufstieg wird der Teilnehmer gesichert und kann so selbstständig die Übungen absolvieren. Eine Beaufsichtigung und ggf. Hilfestellung wird durch die qualifizierten Sicherheitstrainer vor Ort gewährleistet. Und für alle, die Höhe nicht begeistert, bietet der Kinderparcours genau das Richtige bei nur einer Höhe von 1,5 Meter bis 2,5 Meter. Da in diesem Parcours eigen-

ständig gesichert wird, ist bei kleineren Kindern eine Begleitung notwendig. Auch für Jugendliche und Erwachsene ist dieser Kletterparcours bestens geeignet, da die Übungen ähnlich anspruchsvoll aufgebaut sind wie in einem Hochseilgarten. Insgesamt werden dabei bis zu 36 Elemente begangen. Bevor es losgeht, erfolgt jeweils eine ausführliche Einweisung. Ein besonderes Highlight ist die Riesenschaukel, die Groß und Klein einen freien Fall ermöglicht.

TIPP

Direkt neben dem Adventurepark liegt das Freizeitzentrum Xanten mit Strandbad an der Xantener Südsee.
Am Meerend 2,
46509 Xanten
Tel. 02801/715656
Öffnungszeiten
täglich 10-19 Uhr
(während der Saison)

info@adventurepark-xanten.de
www.adventurepark-xanten.de

TerraZoo Rheinberg

Melkweg 7,
47495 Rheinberg
Tel. 02843/901685

Öffnungszeiten
Di-So (in Ferien auch Mo)
10-18 Uhr
Kurzführungen: wochentags um 15 Uhr und 16.30 Uhr; am Wochenende und in den Ferien 11.30 Uhr, 13 Uhr, 15 Uhr und 16.30 Uhr. (Führungen ab 5 Jahren geeignet)

Der TerraZoo nimmt die Besucher mit in die geheimnisvolle Welt der Reptilien. Rund 400 Tiere beherbergt der Zoo, darunter sind 100 verschiedene Arten, wie Echsen, ungiftige und giftige Schlangen sowie einheimische Reptilien. Nach dem Motto „Erleben – Lehren – Lernen" werden die Tiere nicht nur präsentiert, sondern auch pädagogisch-didaktisch dem Publikum nähergebracht. Unterrichtliche Führungen bietet die ansässige Zooschule an. Bei den ausschließlich aus Nachzucht stammenden Tieren handelt es sich um eine gezielte Auswahl von charakteristischen Reptilien- und Spinnenarten. Die Terrarien, die den modernsten zoologischen Anforderungen entsprechen, geben Einblicke in die natürlichen Lebensräume der verschiedenen Tierarten.

info@terrazoo.de
www.terrazoo.de

Freizeitpark Pappelsee

Der Freizeitpark Pappelsee beherbergt neben dem Pappelsee mit Vogelschutzinsel, Abenteuerspielplatz mit Rodelbahn, Tennis- und Volleyballplätze und Grillplatz das Panoramabad Pappelsee mit Hallen- und Freibad. Letzteres bietet indoor ein 25-Meter-Becken und für Kurse wie Aquafitness oder Babyschwimmen ein weiteres Becken mit variablem Boden. Im Sommer, wenn die große Glasfront des Hallenbades geöffnet wird, findet der Wasserspaß zumeist im Freien statt, im Sprungbecken, Erlebnisbecken mit Rutsche und im Kleinkindbereich. Eine terrassenartig angelegte Liegefläche am Hallenbad und die großzügige Liegewiese bieten ausreichend Platz zum Ausruhen und Sonnen.

Freizeitpark Pappelsee
Bertastr. 74,
47475 Kamp-Lintfort

Panoramabad Pappelsee
Tel. 02842/81640
Öffnungszeiten
Freibadsaison: Mo-Fr 14-19 Uhr (in den Ferien ab 10 Uhr), Sa/So 10-19 Uhr; weitere Zeiten s. Website

kontakt@panoramabad-pappelsee.de
www.panoramabad-pappelsee.de

Freizeitpark

Naturfreibad Bettenkamper Meer
Krefelder Str. 190,
47441 Moers
Tel. 02841/29973
Öffnungszeiten
Mo-Fr 14-20 Uhr,
Sa/So/Ferien 10-20 Uhr

Aktivbad und Freibad Solimare
Filder Str. 144,
47447 Moers
Tel. 02841/29999
Öffnungszeiten
täglich 10-20 Uhr
kundenzentrum-mo@enni.de
www.enni.de

www.bettenkamper-meer.de

Dem Schlosspark mit seinem alten Baumbestand, den Wasserpartien und Resten der Wallanlage schließt sich der in den 1960er Jahren angelegte Freizeitpark mit vielfältigen Spiel- und Sportmöglichkeiten an. Wasserspielplatz, Klettergerüst, Rodelberg, Minigolfbahn und ein großer Spielplatz sorgen für ausreichend Betätigung bei Groß und Klein. Südlich der Venloer Straße liegen das Naturfreibad Bettenkamper Meer und das Sportzentrum Solimare mit Freibad und Eissporthalle. Zum Freizeitpark gehört zu guter Letzt auch eine im 18. Jahrhundert erbaute Wassermühle mit einem 5,3 Meter großen, heute noch funktionierenden Mühlenrad.

Wasserspielplatz Wedau

Bertaallee/
Friedrich-Alfred-Str.,
47055 Duisburg
Eintritt: frei

Der Wasserspielplatz ist ein Highlight in der Wasserwelt Wedau und ein beliebtes Ausflugsziel für Groß und Klein. Er liegt direkt am Parallelkanal gegenüber vom Strandbad Wedau und ist gerade an warmen Tagen ein beliebtes Ausflugsziel. Für die Kinder gibt es ein reiches Angebot an Spielmöglichkeiten, darunter ein Wasserspielbecken mit integriertem Floß, mehrere Rutschen, ein Klettergerät, Sandkästen und ein Spielhaus. Bei der Planung und Umsetzung des Wasserspielplatzes wurde Wert darauf gelegt, möglichst viele Bereiche behindertengerecht zu gestalten.

In der Nähe

Kleine Gerichte und Getränke gibt es beim Kiosk Michas Südhütte in unmittelbarer Nähe vom Wasserspielplatz entfernt.
Bertaallee 16,
47055 Duisburg
Öffnungszeiten
täglich 10-19 Uhr
www.michas-seehuette-wedau.de

Eintritt frei

Landschaftspark Duisburg-Nord

Besucherzentrum im Landschaftspark Duisburg-Nord
Emscherstr. 71,
47137 Duisburg
Tel. 0203/4291919
Öffnungszeiten Besucherzentrum (Hauptschalthaus):
Mo-Fr 9-18 Uhr,
Sa/So/Fei 11-18 Uhr
Eintritt: frei

★ TIPP
Einen Besuch beginnt man am besten im Besucherzentrum des Landschaftsparks. Dort gibt es einen Parkplan und aktuelle Informationen.

Der seit 1994 bestehende beliebte Landschaftspark verbindet Industriekultur und Natur zu einer einmaligen Parklandschaft. In einem alten Gasometer entstand Europas größtes künstliches Tauchsportzentrum, der ehemalige Erzlagerbunker wurde zu einem alpinen Klettergarten, in einer Gießhalle wurde ein Hochseilparcours eingerichtet und ein früherer Hochofen dient heute als Aussichtsturm. Auf dem 180 Hektar großen Areal werden Spaß, Freizeit, Erholung und Sport großgeschrieben. Tauchen, Klettern, Wandern oder einfach nur die Aussicht von Hochofen 5 genießen – das weitläufige Gelände mit seinen Gärten, Wiesen und Wasserflächen bietet für jeden genau das Richtige. Der Park lässt sich zu Fuß oder mit dem Fahrrad erkunden. Vor Ort können Fahrräder ausge-

Der Kinderspielplatz am Bunker

Auf dem Ingenhammshof

Im Klettergarten

liehen werden, eine Ladestation für E-Bikes ist vorhanden. Wer nicht auf eigene Faust die Entdeckertour gehen möchte, kann sich bei einer Führung Industriegeschichte erläutern lassen. Für Kinder und Jugendliche ist der Park ein großartiger Abenteuerspielplatz. Es gibt eine Riesenröhrenrutsche durch zwei Erzbunker, viele Spielpunkte und einen Lehr- und Lernbauernhof. Das Highlight des Parks erleben Besucher abends: Dann taucht eine Lichtinstallation das Hüttenwerk in ein faszinierendes Meer von Licht und Farbe.

INFO

Im Landschaftspark werden Hungrige im Restaurant am Hauptschalthaus (Di-So ab 11 Uhr geöffnet) oder im Kiosk am Hochofen (Mo-Mi ab 9 Uhr, Do-So ab 11 Uhr) fündig.

www.tour-de-ruhr.de
www.landschaftspark.de

Eintritt frei

Explorado Kindermuseum

Philosophenweg 23-25,
47051 Duisburg
Tel. 0203/29823340
Öffnungszeiten
Di-Do 15-18 Uhr,
Fr-So 10-19 Uhr;
in den NRW-Ferien
täglich 10-19 Uhr

INFO
Essen ist in der Ausstellung nicht erlaubt. Selbst mitgebrachte Speisen können im Picknickraum gegessen werden.

Das Mitmachmuseum im Duisburger Innenhafen ist das größte Kindermuseum Deutschlands. Es ist für Vier- bis Zwölfjährige gedacht und setzt auf spielerisches Lernen und ganz viel Bewegung. Mittelpunkt des Hauses ist die Mitmachausstellung auf drei Etagen und insgesamt 3.000 Quadratmetern Fläche, in denen Kinder faszinierende Phänomene des Alltags erforschen können. Gefragt sind hier – u.a. auf der Rennbahn oder im Glöckchenparcours – einerseits Geschicklichkeit, Gleichgewicht und Schnelligkeit, andererseits aber auch Konzentration, Neugierde und Kombinationsvermögen, z.B. an der Ausgrabungsstelle, in der Welt Bauarbeiter und Dachdecker oder in der Knobelecke. Eine Etage führt die Kinder in die Welt der Kommunikation und Medien. Hier können sie Morsen oder das Fahnen-Alphabet ausprobieren, über einen Satelliten kom-

munizieren, in der Film-BlueBox in verschiedene Landschaften eintauchen und Interessantes über die Radiogeschichte erfahren. Im Erdgeschoss ist für begrenzte Zeit das LEGO Fan-Erlebnis Bricklive Force eingezogen. Eine Science-Fiction Abenteuerwelt rund um Star Wars erwartet die Besucher mit einzigartigen interaktiven Erlebnissen.

TIPP
Auf der Terrasse des Bistros haben Sie einen tollen Blick auf Duisburgs Innenhafen.

info@explorado-duisburg.de
www.explorado-duisburg.de

Sechs-Seen-Platte

Strandbad Wolfssee
Kalkweg 262,
47279 Duisburg

Öffnungszeiten
Mai bis Mitte September (bei schönem Wetter): 10-20 Uhr

Nicht weit entfernt von der Innenstadt Duisburgs liegt, als Ergänzung zum benachbarten Sportpark Wedau, die Sechs-Seen-Platte. Das Naherholungsgebiet, das seinen Ursprung in den sechs Baggerseen namens Wambach-, Masuren-, Böllert-, Wolfs-, Wildförster- und Blauem See hat, gehört mit einer Gesamtfläche von knapp 300 Hektar (davon ca. 158 Hektar Wasserfläche) zu einer der größten und attraktivsten Freizeiteinrichtungen in weitem Umkreis. Seit 1962 unterliegt das gesamte Areal, ehemals im Besitz des Grafen von Spee, der Stadt Duisburg. Drei Segelvereine haben am Masurensee ihre schmucken Clubhäuser errichtet. Ein Tret- und Ruderbootverleih ermöglicht aber auch Nicht-Mitgliedern einen kleinen Törn auf dem benachbarten Wambachsee. Ideale Bedin-

Spaß auf dem Wasser mit Tretbooten

Strandbad Wolfssee

gungen finden an den übrigen Seen Angler, Windsurfer, Paddler, Modellboot-Kapitäne und Trimm-Dich-Sportler. Ein 17,5 Kilometer langes Wegenetz, von dem neun Kilometer an den Seeufern entlangführen, kann mit dem Fahrrad erkundet werden. Am Wolfssee wurde 1972 ein Freibad eröffnet, dessen 400 Meter langer Strand mit Sand aus dem Meer aufgespült wurde. Neben den traditionellen Angeboten für die Kleinen wie Wald- und Robinsonspielplatz locken den Besucher außerdem ein Golfplatz, eine Ponyreitbahn sowie für die kalten Tage eine Rodelbahn.

In der Nähe

Das idyllisch am Hafen gelegene Restaurant Haus Seeblick bietet – wie der Name schon verrät – einen tollen Blick auf den Masurensee.
Strohweg 12,
47279 Duisburg
Tel. 0203/7200029
haus.seeblick@yahoo.de
www.haus-seeblick-duisburg.de
Öffnungszeiten
täglich 11-21 Uhr

freibad@poseidon-duisburg.de
www.freibad-wolfssee.de

Revierpark Mattlerbusch

Wehoferstr. 42,
47169 Duisburg

TIPP

Das Natur-und tierpädagogische Zentrum Mattlerhof bietet den kleinen Besuchern des Revierparks Mattlerbusch samstags und sonntags von 14-16 Uhr Ponyreiten an.
Wehofer Straße 38a,
47169 Duisburg

In Duisburg-Hamborn, inmitten des neun Hektar großen Waldes „Mattlerbusch", liegt der gleichnamige Revierpark mit Niederrhein-Therme, Reiterhof und vielen weiteren Erholungs- und Freizeitangeboten. In der naturnahen Parklandschaft, die auch ein Feuchtbiotop sowie einen Geologielehrpfad aufweist, lassen sich ausgiebige Wanderungen unternehmen, wobei man zahlreiche Tier- und Pflanzenarten beobachten kann. Im Zentrum des insgesamt 40 Hektar großen Geländes liegt der Mattlerhof, ein historischer Bauernhof aus dem 13. Jahrhundert, in dessen Stallungen Pferde, Kühe, Schafe, Ziegen und Schweine gehalten werden. Seit 2011 fungiert der ehemalige Reiterhof als natur- und tierpädagogisches Zentrum mit integrativen Angeboten.

www.duisburg.de
www.niederrhein-therme.de

Eintritt frei

Aquarius Wassermuseum

Wasser kommt aus der Leitung, Wasser fließt in Bächen und Flüssen, Wasser steht in Seen und Meeren nicht nur zum Baden bereit, Wasser ist einfach da – für den Mitteleuropäer ein selbstverständliches Element. Kaum jemand, der sich über die Welt des Wassers wirklich Gedanken macht. Auf 14 Ebenen bieten 30 verschiedene Stationen – multimedial, mit etlichen Computersimulationen, Filmen und Spielen – Erlebnismöglichkeiten rund um das Thema Wasser. Wie ein Wasserturm funktioniert, wird an der Computerstation erklärt. Durch geschicktes Verlegen von Leitungen beim Wasserturmspiel können Besucher selbst für die Wasserversorgung sorgen. Lassen Sie sich über Spektakuläres zum Thema Wasser in allen Regionen der Welt berichten: Durch Antippen bringen Sie einen Globus zum Sprechen. Compu-

Burgstr. 70,
45476 Mülheim an der Ruhr
Tel. 0208/4433-390

Öffnungszeiten
Di-So 10-18 Uhr

tersimulierte Laborexperimente erklären naturwissenschaftliche Phänomene. Durch den Bau von Kanälen, Schleusen, Trinkwasserleitungen und Wasserkraftwerken in einer Computersimulation werden Besucher zum Landschaftsarchitekten und Bauingenieur, und lernen die zentrale Rolle der Wasserversorgung für die Industrialisierung kennen. Ziel der Ausstellung ist es, das Bewusstsein für den Umwelt- und speziell den Gewässerschutz zu schärfen. Durch die Quizfragen an den Stationen kann jeder sein Wissen über das Element Wasser testen, die Ergebnisse auf einer Chipkarte speichern und zum Schluss eine Urkunde ausdrucken.

INFO
Vom Panoramakranz in 35 Metern Höhe bietet sich ein toller Weitblick auf die Landschaft an der Ruhr. Er reicht vom Duisburger Hafen über den Oberhausener Gasometer bis zu den südlichen Mülheimer Ruhrhöhen.

aquarius@rww.de
www.aquarius-wassermuseum.de

Naturbad Mülheim

Nach dem Motto „Zurück zur Natur" ersetzt das Naturfreibad das alte, konventionelle Freibad. Ohne Chlor können auch Allergiker auf 3.000 Quadratmeter Fläche das Badevergnügen genießen. Die Sandbecken sind mit Schilf bewachsen, deren Reinigung ganz naturnah verläuft: Es wird mehrmals täglich durch einen großen Filter aus Kies und Pflanzen gepumpt. Damit das System klappt, ist die Kapazität auf täglich 3.000 Besucher begrenzt. Neben den naturbelassenen Fluten locken der Zehnmeter-Sprungturm im rot-weiß gestreiften Look, Beachvolleyball, Basketball und Klettermöglichkeiten sowie der Beach-Bereich mit Gastronomie.

Friesenstraße 101,
45476 Mülheim an der Ruhr
Tel. 0208/9926710

Öffnungszeiten Hauptsaison
Mo-Fr 10-19 Uhr,
Sa/So/Fei 10-20 Uhr

Vor- und Nachsaison
Mo-Fr 12-19 Uhr,
Sa/So/Fei 10-20 Uhr

INFO
Das Naturbad ist zum Teil barrierefrei, das Nichtschwimmerbecken verfügt über eine Rampe, über die man auch mit einem Wasserrollstuhl ins Wasser gelangt.

info@naturbad-muelheim.de
www.naturbad-muelheim.de

Haus Ruhrnatur

Alte Schleuse 3,
45468 Mülheim an der Ruhr
Tel. 0208/4433-380
Öffnungszeiten
Di-So 10-18 Uhr

Das Haus Ruhrnatur vermittelt Naturgeschichte, insbesondere ökologische Besonderheiten und Zusammenhänge des Ruhrtals. Die Ausstellung setzt sich mit vier Themenschwerpunkten auseinander. „Natur an der Ruhr" zeigt Aquarien mit zahlreichen Fischarten der Ruhr. Unter Mikroskopen wird die ungeahnte Vielfalt von Kleinlebewesen des Flusses und des Bodens deutlich. Objekte aus der Natur können ertastet, Geräusche und Düfte aus der Landschaft am Fluss erraten werden. Zum Thema „Klimageschichte der Erde" zeigt ein großer virtuell drehbarer Globus, wie sich das Klima der Erde über Millionen von Jahren hindurch natürliche Prozesse verändert hat. Eine große Drehscheibe gibt Antworten auf die wichtigsten Fragen zu aktuellen Klimaänderungen. Zahlreiche Experimente mit Wind, Wasserströmung und Sonnenlicht machen die Energien der Natur deutlich sichtbar. „Erneuerbare Ener-

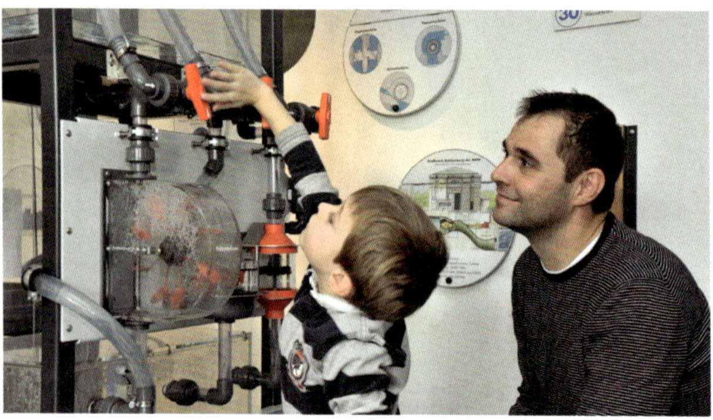

gien" werden für die Besucher erfahrbar, indem sie ergründen, wie das Sonnenlicht einen Eisbären wärmt oder Strom erzeugt. Kinder und Erwachsene bauen und testen Windräder, spielen und forschen in einem Wasserbecken an unterschiedlichen Wasserrädern und Turbinen und erfahren, was sie im Umgang mit Energie von der Natur lernen können. Die „Bionik" beschäftigt sich mit dem Übertragen von Phänomenen der Natur auf die Technik. So übertrug etwa Leonardo da Vinci den Vogelflug auf eine Flugmaschine. Welche natürlichen Erfindungen gibt es noch?

★ **TIPP**

Das Franky's im Wasserbahnhof öffnet morgens bis mittags als Bistro und wird abends zu einem Restaurant. Genießen Sie schönes Wetter auf der Terrasse und im Biergarten.
Alte Schleuse 1,
45468 Mülheim a. d. Ruhr
Tel. 0208/3882963
Öffnungszeiten
täglich ab 10 Uhr
info@frankys-wasserbahnhof.de
www.frankys.tv

haus-ruhrnatur@rwe.com
www.haus-ruhrnatur.de

Figurentheater Wodo Puppenspiel

Ringlokschuppen (Spielort)
Am Schloss Broich 38,
45479 Mülheim an der Ruhr
Tel. 0208/424043

Öffnungszeiten
je nach Veranstaltung

Ob das Märchen „Die Bremer Stadtmusikanten", Sven Nordqvists „Armer Pettersson" oder „Tante Nudel, Onkel Ruhe und Herr Schlau" von Helme Heine – das Mülheimer Figurentheater Wodo Puppenspiel hat alles und noch viel mehr im Programm: Klassiker wie „Pippi Langstrumpf", aktuelle Literatur wie „Conni" und gesellschaftliche Themen wie Energie/Klimaschutz, Ernährung und Integration. Um die 30 Kindertheaterinszenierungen mit Marionetten, Tischfiguren, Handpuppen oder Großfiguren werden angeboten und lassen Kinderaugen leuchten.

info@wodo.de
www.wodo.de

Arche-Park Tiergehege Witthausbusch

Das Tiergehege Witthausbusch ist seit 2014 offiziell der erste Arche-Park in NRW, zur Erhaltung alter und gefährdeter Haustier- und Nutztierrassen. Auf dem 3.000 Quadratmeter großen Gelände leben u. a. weiß gehörnte Heidschnucken, Walliser Schwarznasenschafe, Thüringer Waldziegen, Meißner Widder, Cröllwitzer Puten, Appenzeller Spitzhauben und Pommernenten. Das größere Wildgehege gehört seit Anfang 2019 zum Arche-Park und liegt in der Parkanlage Witthausbusch im Wald und beherbergt einen Damwild-Hirschbock sowie fünf Damtiere. Durch die Parkerweiterung bzw. Nutzung beider Gehege-Teile können sich die Wildtiere auf einer ca. 6.000 Quadratmeter großen naturnahen Fläche bewegen.

Pettenkoferstraße,
45470 Mülheim an der Ruhr
Tel. 0208/4556705

Öffnungszeiten
täglich 10-18 Uhr
Eintritt: frei

INFO
In unmittelbarer Nähe des Tiergeheges liegt der Spielplatz Witthausbusch.

info@g-e-h.de
www.g-e-h.de

Eintritt frei

LEGOLAND Discovery Center

Promenade 10,
46047 Oberhausen
Tel. 01806/66690220

Öffnungszeiten
Mo-Fr 10-17.30 Uhr,
Sa/So/Fei/NRW-Ferien
10-18.30 Uhr

Spiel und Spaß, Bauen, Begreifen und Entdecken auf 2.800 Quadratmetern. Rund zwei bis drei Stunden dauert die Reise durchs Legoland. Unterwegs sind der Fantasie und Kreativität keine Grenzen gesetzt: Kleine und große Entdecker bestaunen beispielsweise im Miniland – 1,5 Millionen verbaute Legosteine – die Wahrzeichen des Ruhrgebiets im Kleinformat: den Gasometer, den Signal Iduna Park oder die Zeche Zollverein im Maßstab 1:45. Und 2017 eröffnete die „Pira-

teninsel" mit Duplo Dschungel und riesigem Piratenschiff. Im Center werden Königliche Abenteuer bestanden, in Workshops Modellbau-Fähigkeiten verbessert, Professor Stein-auf-Stein erklärt so manches, und im Kino gibt's 4D-Vorstellungen.

oberhausen@legolanddiscoverycentre.de
www.legolanddiscoverycentre.de

AQUApark Oberhausen

Heinz-Schleußer-Str. 1,
46047 Oberhausen
Tel. 0208/6253590
Öffnungszeiten Erlebnisbad und Freibad (während der Saison): täglich 9-21 Uhr

In der Nähe

In unmittelbarer Nähe zum Aquapark befinden sich das LEGOLAND Discovery Centre Oberhausen (ausführliche Informationen s. S. 36) und die faszinierende Unterwasserwelt von SEA LIFE Oberhausen mit Deutschlands größter Hai-Aufzucht.

Wo auch sonst hätte das weltweit erste Bergbau-Erlebnisbad eröffnen sollen? Unter einer spektakulären Kuppel von einem Durchmesser von ca. 40 Metern, die sich bei schönem Wetter teilweise öffnen lässt, warten u.a. eine Wasser-Eventlandschaft mit Flöznachbau, eine große Schachthalle samt sprudelnden Geysirbecken sowie ein Strömungskanal. Zentrum des Ende 2009 eröffneten, 25.000 Quadratmeter großen Spaßbades mit Zechencharakter ist der 18 Meter hohe Nachbau eines Förderturms mit integrierter Flugrutsche. Aber auch die Black-Hole-Rutsche „Blindschacht" mit stilechten Dunkelpassagen und LED-Kurvenbeleuchtung sowie die X-Tube-Rutsche, deren 120 Meter NRW-Rekord bedeuten, erinnern an Grubengold-Zeiten. Neu ist die Knappenrutsche mit drei voneinander getrennten Bahnen, die für ein „Wettkampf-Feeling" sorgen (für Kinder ab acht Jahren freigegeben). Und wer nicht rutschen will, der wagt vielleicht einen Hopser oder Eleganteres vom Sprungturm, zieht seine Bahnen im 25-Meter-Becken oder betreibt Aquafitness im Fit & Fun-Pool oder besucht den Wasserfall. Der findet sich im Freien, beim großen Außenbecken, nahe dem Außen-Geysir-Whirlpool, an der schönen Liegewiesen- und Terrassen-Landschaft.

info@aquapark-oberhausen.com
www.aquapark-oberhausen.com

Kaisergarten Oberhausen

Am Kaisergarten,
46049 Oberhausen
Tel. 0208/3770618
(Naturerlebnisschule)
Öffnungszeiten
täglich zur Sommerzeit
9-19 Uhr, im Winter 9-17 Uhr
Eintritt: frei

Mitten in Oberhausen, südwestlich von Schloss und Ludwig Galerie, liegt in malerischer Umgebung der Kaisergarten. Der rund 28 Hektar große Park bietet für die ganze Familie viele Möglichkeiten zur Freizeitgestaltung. Auch Ruhe- und Erholungsuchende sind hier bestens bedient. Wald- und Wiesenflächen, durch die lange Spazierwege und ein Trimm-Dich-Pfad führen, fügen sich mit Teichlandschaft und Tiergehege harmonisch zusammen. Im Zoogelände können mehr als 120 Tierarten, größtenteils heimische Haustierrassen und europäische Wildtiere, darunter Adler, Eulen, Hirsche, Wildschweine, Wölfe, Waschbären, Biber, aber auch exotische Vögel, beobachtet werden. Besonders beliebt bei den Kindern sind der Streichelzoo mit Ziegen, Ponys und Kaninchen und die angeschlossene Naturerlebnisschule. Hier wird für Groß und Klein Wissenswertes über heimische Tiere und seltene Haustierrassen, ihre Biologie und Lebensräume vermittelt. Außerdem stehen für die Kleinen Kinderspielplätze zur Verfügung. Das alles ist zum Nulltarif zu haben, denn der Eintritt ist frei. Kostenpflichtig sind lediglich Minigolfplatz und Bogenschießanlage. Eine weitere sportliche Attraktion ist der Trendsportpark „Open-Airea".

In der Nähe

Das kulinarische Angebot erfüllt die Schlossgastronomie Kaisergarten.
Konrad-Adenauer-Allee 48,
46049 Oberhausen
Tel. 0208/290220
info@kaisergarten.de
www.kaisergarten.de
Öffnungszeiten
täglich ab 9 Uhr

tiergehege@ogm.de
www.tiergehege-kaisergarten.de

Eintritt frei

Freizeitpark Schloss Beck

Am Dornbusch 39,
46244 Bottrop
Tel. 02045/5134
Öffnungszeiten
Mitte April bis Anfang September: täglich 9-18 Uhr, Fahrgeschäfte ab 10 Uhr; Öffnungstage außerhalb der Saison: s. Website!

TIPP
Bollerwagen können gegen eine Gebühr von 2 € plus Pfand ausgeliehen werden.

Das Wasserschloss Beck gehört zu den schönsten erhaltenen Baudenkmälern Westfalens. Rund um das Schloss wurde ein Freizeitpark mit allerlei Attraktionen angelegt, der gleichermaßen Erwachsene wie Kinder anlockt. Es ist eine bunte Mischung von aufregenden Fahrgeschäften, abenteuerlichen Spielplätzen, Indoor-Spielhäusern zum Austoben, Verstecken und Klettern: Drachenbahn, Eisenbahn, Flugzeugkarussell, Gruselkeller, Riesenrad und Achterbahn bieten ebenso Spaß und Abwechslung wie Kinderspielhaus mit Bällebecken, Fledermaushöhle, Märchenkino und Märchenschloss mit über 1.000 beweglichen Figuren. Auch ein Streichelzoo befindet sich auf dem Gelände und ein er-

lebnisreicher pädagogischer Baumkronenpfad. Für den kleinen Kick sorgen die Super-Steil-Rutsche, Abenteuersimulator, Teufelsräder und Trampoline. Becki's Entdeckerparadies ist eine Holzspielanlage für Kinder bis 12 Jahren. Die Spiellandschaft vereinigt Kletterwände, labyrinthartige Aufstiege, eine Rutsche, aber auch zahlreiche Stationen, die die Sinneswahrnehmung und die Geschicklichkeit trainieren.

★ INFO

Eltern können sich im liebevoll angelegten Schlosspark entspannt zurücklehnen, da die Kinder sich gut orientieren und sich nicht verlaufen können. Auch erfreulich: Mitgebrachte Speisen und Getränke dürfen im Park verzehrt werden.

info@schloss-beck.de
www.schloss-beck.de

Freizeitpark Schloss Beck

Freizeitzentrum Grafenmühle

Zur Grafenmühle,
46244 Bottrop

★ TIPP
Mehrere Gastronomien finden sich auf der Höhe des Rotbachs (Zur Grafenmühle/Ecke Alter Postweg).

Eintritt frei

Das Freizeitzentrum Grafenmühle bietet Freizeitspaß und Abwechslung für die ganze Familie. Auf dem begrünten Gelände befinden sich zwei große Teiche, von denen einer zum Angeln oder Rudern genutzt werden darf. Außerdem stehen u. a. Minigolfbahnen, eine Bogenschießanlage, eine Mini-Car-Bahn, Ponyreiten, Bowlingbahnen, Trampoline sowie mehrere Imbissstände und Restaurants zur Verfügung. Nicht zu vergessen der aufregende „Euro-Bungy“, der große Kinderspielplatz, Elektromobile und weitere Spielgeräte für Groß und Klein.

Grusellabyrinth NRW

Einmal einen Gruselfilm hautnah durchlaufen und mit allen Emotionen erleben? In Bottrop ist das kein Problem, denn genau dies ist das Konzept des 2015 eröffneten Grusellabyrinths. Im Mittelpunkt der Hauptattraktion, einer 100-minütigen Show, steht eine fantastische Gruselgeschichte, die die Besucher live durchleben. Unterschiedliche Showräume bieten überraschende Szenerien mit spektakulären Kulissen, man wird geleitet und bespielt von professionellen Darstellern. Spannung versprechen auch Aufgaben wie die Bezwingung von drei unterschiedlichen Labyrinthen.

Knappenstraße 36,
46238 Bottrop
Tel. 02041/5670666
Öffnungszeiten
s. Website

INFO
Altersbeschränkung: Kinder zwischen 8-15 Jahren nur in Begleitung Erwachsener.

mail@grusellabyrinth.de
www.grusellabyrinth.de

Movie Park Germany

Warner Allee 1,
46244 Bottrop
Tel. 02045/899899

Öffnungszeiten
während der Saison
weitgehend täglich ab 10 Uhr,
Änderungen s. Website

TIPP
Wenn Sie die Tickets online vorbestellen, gibt's in der Regel einen Rabatt.

Der größte Film- und Freizeitpark Europas bietet über 40 Attraktionen und Shows rund um das Thema Film. Im Movie Park Germany lässt sich nicht nur SpongeBob knuddeln, sondern es gibt auch viele filmbezogene Abenteuer zu erleben. So können die Gäste Sid, Manni, Diego und Scrat in einem Ice-Age-4D-Abenteuer auf einer aufregenden Reise durch das ewige Eis begleiten oder beispielsweise SpongeBob, Dora, Jimmy Neutron oder die Ninja Turtles im „Nickland" treffen. Außerdem gibt es noch viele weitere Attraktionen für Kinder und Familien. So bietet Backyardigans Mission to Mars eine aufregende Fahrt in eine fremde Welt. Aus etwa acht Metern Höhe kann man dabei die karge Marslandschaft erkunden. In Blue's Skidoo können kleine Forscher zusammen mit Blue und Magenta auf Entdeckungsreise ziehen. Für kleine

Abenteurer gibt es die Sea Swing, auf der gemütlich eine Runde durch den Ozean gedreht werden kann. Auf Team Umizoomi Number Tumbler kann man erfahren wie sich Schwerelosigkeit anfühlt. Mit Hilfe der Teenage Mutant Ninja Turtles können Kinder ab acht Jahren und bis zu einer Körpergröße von 1,5 Meter in kleinen, elektrischen Fahrzeugen eine spielerische Fahrprüfung ablegen und lernen so nebenbei erste Verkehrsregeln. Auf dem Mini-Freefall-Tower können die kleineren Gäste in kindgerechter Version den freien Fall erleben. Der Pier Patrol Jet Ski ermöglicht eine wilde Wasserfahrt ohne dabei nass zu werden. Im Avatar Air Glider kann man nahezu das Gefühl vom Fliegen erleben. In sechs Meter Höhe und auf dem Bauch liegend, gleitet man im Segelflug über den Freizeitpark.

INFO

Seit Frühjahr 2019 wurde der Animationsserie PAW Patrol ein eigener Themenbereich gewidmet. Mit neuen Attraktionen, vielen gestalterischen Details und interaktiven Elementen wird dabei der aus der beliebten Nickelodeon-Serie bekannte Ort „Adventure Bay" zum Leben erweckt und für alle Fans der Serie zugänglich gemacht.

info@moviepark.de
www.movieparkgermany.de

Phänomania Erfahrungsfeld

Am Handwerkerpark 8-10,
45309 Essen
Tel. 0201/301030
Öffnungszeiten
Mo-Fr 9-18 Uhr,
Sa/So/Fei 10-18 Uhr

TIPP
Zahlreiche Experimentierstationen machen den Platz direkt neben dem begehbaren Fördergerüst der Zollverein-Schachtanlage 3/7/10 zu einem echten Abenteuerspielplatz. Auch das Besteigen des Fördergerüstes ist bei gutem Wetter möglich. Von hier aus hat man einen fantastischen Blick über das Ruhrgebiet.

Phänomania greift das Erfahrungsfeld-Konzept des Essener Pädagogen und Künstlers Hugo Kükelhaus auf und ergänzt es als interaktive Ausstellung um den Bereich naturwissenschaftlicher Phänomene und physikalischer Gesetze. Die Besucher haben die Möglichkeit, durch Ausprobieren selbst zu erfahren, wie naturwissenschaftliche Gesetze wirken und welche Zusammenhänge zwischen den Gesetzmäßigkeiten existieren.

Auf 1.200 Quadratmetern im Innenbereich und zusätzlichen 3.500 Quadratmetern auf dem Außengelände dreht sich – im wahrsten Sinne des Wortes – in über 120 Stationen alles um die verschiedenen Formen der menschlichen Wahrnehmung. Ob chladnische Klangfiguren oder grafische Muster, die aus den Schwingungen eines Geigenbogens entstehen, der über eine Metallplatte streicht, ob die gerade bei Kin-

dern beliebte, aus unterschiedlichsten Naturmaterialien bestehende Fühlstraße oder die mittels einfacher Hantelbewegungen in Gang gesetzte Drehscheibe, ob Feuertornado oder Fernsehfahrrad – die Ausstellung lässt die Besucher Phänomene des Klangs, Lichts oder der Bewegung erzeugen und „begreifen", mithin die Erkenntnis entstehen, dass Hören, Sehen und Fühlen eine unmittelbare Einheit bilden. Und weil es um Sinneserfahrungen geht, ist die Devise gerade für Kinder besonders ansprechend: Ausprobieren und Anfassen sind ausdrücklich erwünscht! Das Konzept Phänomania will unterhalten und dabei spielerisch Wissen vermitteln. Unterschiedlichste Programme und Führungen werden angeboten, darunter eine Taschenlampen-Führung für Familien und das Kids' Lab, wo Kinder ohne Eltern und Lehrer experimentieren.

In der Nähe

Auf dem Gelände der Zeche Zollverein werden verschiedene Führungen für Kinder und Jugendliche (5-15 Jahre) und für Familien angeboten. Beispielsweise können Kinder und Erwachsene spielerisch die Verarbeitung von Kohle zu Koks in der ehemals größten Zentralkokerei Europas kennenlernen. Ehemalige Bergmänner bieten Führungen an und erzählen dabei spannende Geschichten.
Anmeldung erforderlich.
Tel. 0201/246810
besucherdienst@zollverein.de
www.zollverein.de

info@erfahrungsfeld.de
www.erfahrungsfeld.de

Grugapark und -bad

Grugapark
Eingang Orangerie
Virchowstr. 167,
45147 Essen
Haupteingang
Messeplatz,
45131 Essen
Tel. 0201/8883106
Öffnungszeiten
täglich ab 9 Uhr bis
Einbruch der Dunkelheit

Grugabad
Am Grugapark 10,
45131 Essen
Tel. 0201/8608130
Öffnungszeiten
während der Saison
Mo-Fr 6-20 Uhr,
Sa/So/Fei 8-20 Uhr
www.essen.de

INFO
Der Grugapark bietet jeden Monat verschiedene Angebote und Veranstaltungen an. Kinder- und Ferienkurse werden von der Schule Natur veranstaltet. Nähere Informationen s. Website

Mit seinen 600.000 Quadratmetern gehört der Grugapark mittlerweile zu einem der größten Freizeitparks Europas. Neben einem Botanischen Garten mit Tropenhaus, einem Wasserfall, Teichanlagen, weitläufigen Wiesenflächen, einem kleinen Bauernhof, Volleyball, Niedrigseilparcours, Tennis und Tischtennis, ist der Grugapark ein Spielplatzparadies für Kinder jeden Alters. Die Vielzahl an unterschiedlichen Spielplätzen garantiert einen Tag im Grugapark ohne Langeweile. Vom Haupteingang aus gelangt man über die Seilbahn zu der atemberaubend langen und steilen Röhrenrutsche, auf der es rasant talwärts geht. Das Ziel ist der Spielplatz „Vogeldelle", auf dem u.a. ein abgestürztes Flugzeug und ein sinkendes Schiff warten, erobert zu werden. Im Spielhaus und auf dem Wasserspielplatz im Garten des Spielhauses kommen die ganz Kleinen voll auf ihre Kosten. Hier kann nach Herzenslust gematscht und geplanscht werden. Im Spielhaus gibt es ein Bällebecken, bunte Hüpftiere und Krabbelröhren, so dass es selbst bei schlechtem Wetter nicht langweilig wird. Ein weiterer Spielplatz liegt bei den Vogelvolieren – zwischen Papageien und Kakadus können die Kinder schaukeln, rutschen und klettern. Eine weitere Spieloase liegt zwischen dem Eingang am Grugabad, dem Verkehrsspielplatz und dem Kleintiergarten – der Abenteuerspielplatz Burg. Der weiträu-

mige Platz bietet viel Raum zum Verstecken und Spielen. Neben einer Wellenrutsche, Seilbahn und Drehscheibe zieht es ältere Kinder sofort zu dem großen Kletterhügel. Kleinere Kinder lieben den Spielbereich mit bunten Holzhäuschen und einer kleinen Wasserlandschaft. Picknickbänke mit Tischen und ein be-

nachbarter Kiosk laden zu einer Pause ein. Neben dem Streichelzoo mit Ziegen und Schafen, liegt ein Ponyhof mit Reitparcours. Im Irrgarten kann der Orientierungssinn getestet werden und im Damwildgehege dürfen Hirsche gefüttert werden. Die Orangerie beherbergt die Miniaturwelt OKtoRail, die die Besucher auf eine Zeitreise in die Industriekultur schickt. An einem warmen Tag kann man sich im Grugabad vielseitig abkühlen. Mit Wellenbecken, Nichtschwimmerbecken, Kinderplanschbecken, Sportbecken, Sprungturm und Kinderrutsche ist die ganze Familie bestens versorgt. Auf der 1.500 Quadratmeter großen Kinderspielfläche kann getobt und auf den zwei Beachvolleyballfeldern kann sich sportlich betätigt werden.

★ **TIPP**

Einen Überblick über den Park kann man sich auf zwei Wegen verschaffen: Entweder fährt man mit der Grugabahn quer durch den Park (während der Sommersaison täglich von 10 bis 18 Uhr) oder man geht auf den 30 Meter hohen Grugaturm und genießt einen tollen Ausblick.

info@grugapark.essen.de
www.grugapark.de; www.essen.de

Neoliet Easy-Climb Essen

Easy Climbing ist die vollkommen neue Art des Kletterns an bis zu 16 Meter hohen Sportkletter- und Spaßwänden mit etwa 50 Kletterrouten und 35 Fun-Elementen. Beim Easy Climb sind keine Vorkenntnisse erforderlich und ein Sicherungspartner benötigt man nicht mehr. Jeder Kletterer bekommt eine ca. 20 minütige Einweisung, nach der er selbstständig klettern kann. Das automatische Sicherungssystem können Kinder ab ca. sechs Jahren selbstständig und sicher bedienen. Wegen des einfachen Einstiegs und der hohen Bewegungsfreiheit ist die Art des Kletterns perfekt für Anfänger und Familien mit Kindern.

Graf-Beust-Allee 29 b,
45141 Essen
Tel. 0201/85299628

Öffnungszeiten
Mo, Mi-Fr 15-22 Uhr,
Di/Sa/So/Fei/Ferien 10-22 Uhr

info@neoliet.de
www.neoliet.de

Jugendfarm

Kuhlhoffstr. 71,
45329 Essen
Tel. 0201/367666
Öffnungszeiten
Di-Fr 14-18 Uhr
(für Kinder ab 6 J.,
jüngere Kinder mit Begleitung eines Erwachsenen),
Sa 10-16 Uhr
Eintritt: frei

Ein Leben auf dem Bauernhof – für Großstadtkinder im Ballungsraum Ruhrgebiet hat dies eher Seltenheitswert. Die Jugendfarm ist eine offene Kinder- und Jugendeinrichtung mit den Schwerpunkten tiergestützte Arbeit und Natur- und Umweltpädagogik. In dem ehemaligen Bauernhof Kuhlhoff können Kinder spielerisch den Umgang mit Tieren lernen und erfahren, was es heißt, Verantwortung für die Schützlinge zu übernehmen. Täglich werden die rund 80 Tiere von den Kids gefüttert, gepflegt und betreut. Es werden Pferde gepflegt, Schafe geschoren oder Gänse gehütet. Auch für Futter muss gesorgt werden: Die Kinder säen, pflanzen und ernten selbst. Bei kleineren Reparaturarbeiten an Stallungen und Schuppen stehen

INFO

Samstags (außer in den Ferien) können Kinder ab sechs Jahren bei der morgendlichen Tierversorgung (10-13 Uhr) helfen. Am Nachmittag findet ein wechselndes pädagogisches Programm (meist 13-15 Uhr) wie Horseman-Tage, Naturkosmetik, Hunde-Action oder Backangebote statt. Am 1. & 3. Samstag öffnet der Bauspielplatz von 13-16 Uhr.

die pädagogischen Betreuer des Bauernhofes gerne mit Rat und Tat zur Seite. Außerdem auf der Jugendfarm: Bastelräume zum Töpfern und Malen sowie viele Spiel- und Sportmöglichkeiten. Aktiv sind hier alle, beispielsweise beim Reitunterricht, Voltigieren, Kochen, Werken, Hüttenbau, in einer Zirkusgruppe ... Für Gruppen und Schulklassen hält die Jugendfarm u. a. natur- und umweltpädagogische Angebote bereit.

TIPP

Am Wochenende bietet die Jugendfarm einen schönen Rahmen für Kindergeburtstage. Die Feier kann individuell gestaltet werden.

jugendfarm@jh-essen.de
jh-essen.de

Eintritt frei

Walter-Hohmann-Sternwarte Essen

Wallneyer Str. 159,
45133 Essen
Tel. 0201/493941
Öffentliche Himmelsbeobachtung bei klarem Himmel: Mitte August bis Ende Mai, Mi frühestens ab 20 Uhr (nach Einbruch der Dunkelheit) und zu Vorträgen; Öffentliche Sonnenbeobachtung bei klarem Wetter: Mitte Mai bis Ende August: So 14-16 Uhr

Die Walter-Hohmann-Sternwarte, benannt nach dem renommierten Himmelsforscher Walter Hohmann, ist eine der größten Sternwarten Deutschlands. Im Jahre 1969 in Essen-Schuir erbaut, befindet sich in ländlicher Umgebung die Sternwarte. Durch ihre relativ lichtgeschützte Lage bietet sie Gelegenheit in Großstadtnähe den Sternenhimmel und auch die Sonne zu beobachten. Die Sternwarte verfügt über Spiegelteleskope bis zu 56 Zentimeter Durchmesser und ein Linsenteleskop. Das große Spiegelteleskop befindet sich in einer Kuppel, die übrigen Teleskope in vier Beobachtungsstationen mit Schiebedächern. Zudem gibt es einen Vortragsraum in der ehemaligen Schule von Schuir mit moderner Projekti-

Sternstrichspuren über der Sternwarte

Vollmond über Essen

onstechnik, Werkstätten und eine Bibliothek. Mond und Planeten, Sternhaufen und Gasnebel sind ebenso zu sehen wie ferne Galaxien. Eine Dia-Show klärt die Besucher über die Geheimnisse des Universums auf. Kinderprogramme stellen astronomische Abläufe auch für die Kleinsten verständlich dar.

INFO

Gruppenführungen nach Vereinbarung möglich. Diese beinhalten einen Vortrag und die Vorstellung der Teleskope. Bei gutem Wetter sind auch praktische Himmelsbeobachtungen möglich. Auf besonderen Wunsch finden auch Sonderveranstaltungen für Kinder- und Erwachsenengruppen statt. Infos zur Anmeldung: s. Website

www.sternwarte-essen.de

Eintritt frei

Walter-Hohmann-Sternwarte

Trampolino

Kurt-Schumacher-Str. 157-161,
45881 Gelsenkirchen
Tel. 0209/44011
Öffnungszeiten
Mo-Do 14-19.30 Uhr,
Fr/Sa/So 10-19.30 Uhr

INFO
Der Jumpclub ist für Kinder ab sieben Jahren geeignet. Stoppersocken sind aus Gründen der Unfallvermeidung zwingend erforderlich.

Für strahlende Gesichter und glückliche Kinderaugen sorgt der Spielpark Trampolino. Durch sein vielfältiges Angebot kommt garantiert keine Langeweile auf. So kann das erste Abenteuer im Hochseilgarten bestritten werden, mit acht spannenden Kletterstationen und jede Menge Erkundungsmöglichkeiten. Der Klettervulkan fordert alle Kräfte seiner Besteiger – es geht fünf Meter steil nach oben und hinunter geht es blitzschnell mit der Turborutsche. In der neuen Halle kann Cageball gespielt, auf dem coolen Jumpclub zur Musik Basketbälle geworfen, mit dem Bungee bis zur Decke gesprungen und den wilden Wabbelberg erklommen werden. Eine Kleinkindoase ist speziell für die ganz kleinen Knirpse zwischen 12 Monaten bis drei Jahren konzipiert. Die Power Trampoline bieten Jumping Spaß für Groß und Klein. Auf der neuen Bumper Bahn darf man ausnahmsweise extra gegeneinander fahren, denn die dicken Reifen sind dafür gemacht. Ein Klettergerüst auf vier Etagen bietet jede Menge Spaß für Schwindelfreie und mit den Kinderkarts dürfen die Kids Rennfahrer spielen.

info@schalkersportpark.de
schalkersportpark.de

Ziegenmichelhof

Mitten in der Stadt Gelsenkirchen und doch idyllisch eingebettet in Wiesen und Felder liegt der Ziegenmichelhof. Der Bauernhof mit aktiver Landwirtschaft bietet ganzjährig unterschiedliche Einzelveranstaltungen, Lehr- und Erlebniskurse sowie Themen-Workshops an, geeignet für Kinder ab dem dritten Lebensjahr. Er versteht sich als Lern- und Erlebniswelt für alle jungen Menschen, unabhängig von Nationalität, sozialem Status, geistiger wie körperlicher Konstitution. Die Angebote, auch für Kindergärten, Schulen etc., werden durch pädagogisches Fachpersonal und orientiert an der Natur-Erlebnis-Pädagogik geplant und durchgeführt. Die Hoftiere, u. a. Ziegen, Schafe, Kaninchen, natürlich Pferde und Ponys sowie zwei irische Wolfshunde, freuen sich stets über kleine und große Besucher. In den Erlebniswelten des Hofes werden Steinzeit und Mittelalter lebendig, das Langhaus versetzt in die Zeit der Wikinger zurück. Ein weiteres spannendes Ideen- und Handlungsfeld ist der wunderschöne Färbergarten.

Eggemannstr. 51,
45883 Gelsenkirchen
Tel. 0209/9443681

Öffnungszeiten Büro
Mo-Fr 9-12 und
13.30-17 Uhr
Veranstaltungskalender
s. Website
Eintritt: je nach Veranstaltung
Altersbeschränkung: ab 3 J.

ziegenmichel@yahoo.de
www.ziegenmichel.de

Alma Park Gelsenkirchen

Almastraße 39,
45886 Gelsenkirchen
Tel. 0209/95709400
Öffnungszeiten
Mo-Fr 15-22 Uhr, Sa/So/Fei
und in den Ferien 10-22 Uhr
Eintritt: je nach Aktivität

Der Alma Park ist mit rund 10.000 Quadratmetern Fläche der größte Indoor Freizeitpark in Deutschland. Teamgeist, Reaktionsvermögen und Taktik sind in dieser weitläufigen Spiel- und Sporthalle gefragt. Es gibt drei Multifunktionsfelder, auf denen klassischer Fußball gespielt werden kann oder wer es abenteuerlicher mag, kann dort auch Bubble Ball und Arrowtag spielen. Für noch mehr sportliche Aktivität sorgt der Trampolinpark. Mehr Action gibt es beim Lasertag für Kinder ab sieben Jahren. Für eine Menge Spaß für die ganze Familie sorgt auch das Abenteuergolf, eine Kombination aus Adventure- und Schwarzlicht-Minigolf. Und beim Poolball werden Billard und Fußball miteinander kombiniert.

INFO
Lasertag dürfen Kinder ab sieben Jahren spielen.

info@alma-park.de
www.alma-park.de

Kinderland im Nordsternpark

Mitten im Nordsternpark gelegen, bietet das Kinderland in Trägerschaft des Ziegenmichel e. V. jede Menge umweltgerechter Naturerlebnisse, Bildungsmöglichkeiten und Freizeiterholung für Kindergruppen und Familien. Der Biogarten wurde 2009 vom Ziegenmichel übernommen und vom Kinderland für pädagogisch nachhaltige Angebote genutzt. In dem Garten gibt es zahlreiche Obstbäume, Kräuterbeete, einen kleinen Teich und ein Gartenhäuschen. Gemeinsam mit Kindern des Kinderlandes wird verschiedenes Obst und Gemüse angebaut und geerntet. Die geernteten Produkte werden mit den Kindern weiter verarbeitet und gegessen. Die Kinder erlernen den Kreislauf der Natur, setzen sich mit gesunder Ernährung auseinander und bekommen ein Bewusstsein für den schonenden Umgang mit der Umwelt. Das Kinderland liegt an einem großen Spielplatz mit Wasserfällen und Bachläufen, Sand- und Rasenflächen, Kletterpyramiden und einem kleinen Wald.

Der Ziegenmichel e.V.
Eggemannstraße 51,
45883 Gelsenkirchen
Tel. 0209/3616490
Freizeitangebote siehe im Programm auf der Website
Eintritt: frei

INFO
Täglich von 10-18 Uhr verleiht das Kinderland kostenlos u. a. Sand- und Wasserspielzeug.

ziegenmichel@yahoo.de
www.kinderland-gelsenkirchen.de

Eintritt frei

Revierpark Gysenberg / LAGO

Am Revierpark 40,
44627 Herne
Tel. 02323/969-0

Öffnungszeiten Bad
täglich ab 8 Uhr

Der Revierpark Gysenberg in Herne ist der älteste der fünf Revierparks im Ruhrgebiet. Das 31 Hektar große Areal stellt den Besuchern zahlreiche sportliche und kulturelle Attraktionen zur Verfügung. Neben einem Soccer-Feld und Tennisplatz, gibt es einen Disc-Golf-Parcours (hier dient eine Frisbee-Scheibe als Spielgerät, die in einen Fangkorb geworfen wird) und einen Platz für Padel (eine Sportart ähnlich wie Tennis, mit kürzerem Griff am Schläger, der das Spielen einfacher macht). In der Beach-Arena kann u. a. Volleyball und Badminton gespielt werden. Im Familienpark „Start und Ziel" gibt es außerdem verschiedene Freizeitangebote wie Trampolinspringen, Go-Kart-Bahn, Riesenrutsche und Nautic-Jet. Der Gysenbergpark unterhält zudem einen Tierpark mit Streichelzoo, eine Minigolf- und Bogenschießanlage und eine Kindereisenbahn. Sollte das Wetter schlechter werden oder noch Zeit vorhanden sein, dann gibt es noch das Spaß- und Solebad LAGO. Es verfügt über drei Außenbecken, eine 112 Meter lange Riesenrutsche und ein Wellenbad.

info@gysenberg.de
www.gysenberg.de

Eintritt frei

Zauberkasten

Das Theater für Zauberei und Kleinkunst richtet Veranstaltungen aller Art aus, die speziell für Kinder gedacht sind. So kann man beispielsweise einen Zauberkurs belegen oder das Puzzle-Museum besuchen. Die Kinder lernen in diesen Kursen mit ganz gewöhnlichen Dingen ungewöhnliche Sachen zu machen. Das Erarbeiten der Kunststücke und die Möglichkeit, von Beginn an auf der Bühne im Rampenlicht zu stehen, geben den kleinen Zauberern vom ersten Tag an einen guten Einstieg in ihre Kunststücke. Am letzten Kurstag wird ein großes Zauberfest veranstaltet, an dem die Zauberkinder ihre Kunststücke vorführen. Alle Eltern, Verwandte und Freunde sind gerne gesehen.

Lothringer Str. 36 c,
44805 Bochum
Tel. 0234/866235

robinson@zauberkasten.de
www.zauberkasten.de

Tierpark und Fossilium Bochum

Klinikstr. 49,
44791 Bochum
Tel. 0234/95029-0

Öffnungszeiten
April bis September:
9-19 Uhr,
März/Oktober:
9-18 Uhr,
November bis Februar:
9-16.30 Uhr

Der Bochumer Tierpark ist mit einer Fläche von zwei Hektar zwar nicht besonders groß, beherbergt aber dennoch eine stattliche Anzahl an Tieren: Über 300 verschiedene Arten, insgesamt rund 4.000 Exemplare der heimischen und nicht-heimischen Tierwelt sind auf dem Areal angesiedelt. In den Nordseewelten gibt es begehbare Vogelvolieren, Seehunde und Pinguine können über und unter Wasser beobachtet werden und täglich finden kommentierte Fütterungen statt. Im Aquarien- und Terrarienhaus nehmen Fossilien Besucher mit

auf eine Reise in die Urzeit. 150 Millionen Jahre alte, versteinerte Tiere können hier entdeckt und bei Führungen sogar berührt werden. Nebenan schwimmen über 2.000 Fische, lauern Kaimane, klettern Affen und Riesenschlangen. Großzügige Panoramascheiben ermöglichen ein Tiererlebnis auf Augenhöhe. Die Zootierpfleger und eine Schaufutterküche geben Einblicke in den Arbeitsalltag des Tierparks. Familien schätzen die kurzen Wege zwischen den Tieranlagen. Ein besonderes Highlight ist der Zoologische Bewegungsspielplatz. Hier können sich Kinder mit den Fähigkeiten der Tiere messen und z. B. klettern wie ein Affe, balancieren wie ein Nasenbär oder kriechen wie eine Schlange.

In der Nähe

Tierpark und Fossilium befinden sich im schönen Stadtpark Bochum, der im Stile eines englischen Gartens angelegt wurde. Neben Stadtparkteich, Rosengarten und Bismarckturm, sind für Kinder besonders die Minigolfanlage und der Abenteuerspielplatz interessant.
Bergstraße/Klinikstraße

info@tierpark-bochum.de
www.tierpark-bochum.de

Planetarium Bochum

Castroper Str. 67,
44791 Bochum
Tel. 0234/51606-0
Tel. 0221/280214
(Tickethotline)

Öffnungszeiten

Di-So zu den Veranstaltungen, in Ferien auch Mo geöffnet;
Termine s. Website

Das Planetarium, das Platz für 230 Personen bietet, ist mit seinem gewölbten Kuppeldach inzwischen zu einem Wahrzeichen Bochums geworden. Innerhalb des Planetariums werden den Besuchern mittels eines 20 Meter durchmessenden künstlichen Sternenhimmels Einblicke verschafft in die Gesetze von Astronomie und Weltraumforschung. Während das 2010 installierte Videosystem „Velvet", eines der modernsten Ganzkuppelprojektion-Systeme der Welt, u. a. virtuelle Flüge durch das Sonnensystem ermöglicht, erläutern wechselnde Astronomieshows

eindrucksvoll die Bewegungsabläufe von Sternen, Planeten und Satelliten. Von den Geheimnissen des Sternenhimmels erfahren die Kleinen in den verschiedenen Kindershows: Bei „Abenteuer Planeten" geht es mit dem superschnellen Raumkreuzern zur großen Planetentour. Die „PlanetenSafari" durchkreuzt quer das ganze Sonnensystem von fantastischen Planeten und Monden über Vulkane, Flüsse bis hin zu Eiswüsten. In der neuen Kindershow „Große Kometenjagd" laufen die Kometen wie Planeten um die Sonne. Es wird erklärt wie das Sonnensystem entstanden ist und spannende Geschichten über die Sterne und Sternbilder werden erzählt.

TIPP

Die Ausstellung „Großartiges Universum" zeigt auf 50 großformatigen Bildern den wunderschönen Kosmos mit dem Blick der Europäischen Sternwarte ESO in Chile. Der Besuch ist kostenlos.

INFO

In unmittelbarer Nähe zum Planetarium Bochum befindet sich das Jiddische Restaurant Matzen.
Erich-Mendel-Platz 1,
44791 Bochum
Tel. 0234/417560126
matzen@jg-bochum.de
www.matzen-restaurant.de

info@planetarium-bochum.de
www.planetarium-bochum.de

Zeche Knirps

Günnigfelder Str. 251,
44793 Bochum
Tel. 0234/6100-874
Öffnungszeiten
freies Spielen
März bis Oktober:
Sa 14-18 Uhr, So 11-18 Uhr
Eintritt: frei

TIPP
Jeden 4. Samstag im Monat (während der Saison von April bis Oktober) findet um 15 Uhr eine Erlebnisführung für Familien mit Kindern ab sechs Jahren statt.

zeche-hannover@lwl.org
www.zeche-hannover.de

Eintritt frei

Hier erfahren Kinder von der Geschichte des Ruhrgebiets mit seinen Zechen und Bergleuten. Spielerisch lernen die Kleinen den Betriebsablauf in einem Bergwerk kennen, werden selbst zum „Kumpel" und machen „unter Tage" eigene sinnliche Erfahrungen. Geboten wird alles, was zu einem richtigen „Pütt" gehört: Malakowturm, Förderanlage, Stollen und eine Lorenhängebahn. Auch wenn nur Kies statt richtiger Kohle gefördert wird, die Kinder erleben eine Menge und sind hinterher schlauer als mancher Erwachsener. Die jüngsten Besucher werden von dem Berggeist „Flözian" in seine Schatzkammer eingeladen. Er hat wichtige Erlebnisse aus der Geschichte der Zeche in seinem Unter-Tagebuch aufgezeichnet und tolle Schätze in seiner Wunderkammer aufbewahrt, die Kinder entdecken können.

LWL-Industriemuseum Zeche Nachtigall

Jede Menge Angebote gibt es für Familien und Kinder auf der Zeche Nachtigall. Highlight des Besuchs sind die Führungen durch den Nachtigallstollen, die mehrmals am Tag stattfinden. Das Besucherbergwerk ist für Kinder ab fünf Jahren zugänglich. Am Bachlauf „Kleine Ruhr" können Kinder im Sommer das Wasser aufstauen und ein Mühlrad antreiben sowie mitgebrachte Boote durch die Schleusen fahren lassen. Auf dem Spielplatz können die Kleinen auf einen Piratenmast steigen, sich am Klettertau hinab hangeln, auf dem Schwebebalken balancieren, rutschen oder ihre Standfestigkeit im Schaukelschiff erproben. An jeweils einem Dienstag im Monat findet die Zechen-Safari statt. Kinder ab sechs Jahren und interessierte Erwachsene gehen auf begleitete Entdeckungstour durch die heimische Natur rund um die Zeche Nachtigall.

Nachtigallstr. 35,
58452 Witten
Tel. 02302/93664-0
Öffnungszeiten
Di-So/Fei 10-18 Uhr

INFO

Kinder und Jugendliche haben freien Eintritt ins Museum, ausgenommen ist die Stollenbesichtigung. Die Temperatur im Stollen liegt ganzjährig bei ca. 12 Grad Celsius. Festes Schuhwerk ist erforderlich.

zeche-nachtigall@lwl.org
www.lwl.org

Freizeitzentrum Kemnade

Querenburger Str. 29,
58455 Witten
Tel. 02302/20120
verwaltung@kemnadersee.de
www.kemnadersee.de

Freizeitbad Heveney
Tel. 02302/56263
Öffnungszeiten
täglich ab 9 Uhr

Zum Freizeitzentrum Kemnade gehören die Bootshallen Gibraltar, der Hafen Heveney, die Fahrgastschiffe MS Kemnade (Fahrten auf dem See) und MS Schwalbe (von Witten-Bommern auf der Ruhr bis zum See), der Freizeitschwerpunkt Herbede, das Freizeitbad Heveney, die Häuser Kemnade und Herbede sowie der Kemnader See selbst. Für den Freizeit- und Erholungsuchenden dürfte neben dem Wassersportangebot des Sees das Freizeitbad Heveney die meisten Möglichkeiten bieten: In einer Warmbadehalle und einem Außenbereich warten Wassergrotten, Gegenstromanlagen, Wasserkanonen, Hot-Whirl-Pools und zwei Riesenrutschen. Für die Kleinen steht innen ein extra Kinderbecken zur Verfügung. Ein Café- Restaurant umsorgt die Gäste mit leckeren Speisen und Getränken. Wer genug vom feuchten Nass hat, kann bei einer Besichtigung der Wasserburg Haus Kemnade oder des mittelalterlichen Herrensitzes Haus Herbede eine Reise in die Vergangenheit unternehmen. Eine Fahrt über den See im Segel-, Ruder- oder Tretboot oder auf einem der Personenschiffe schließlich lässt den Tag zu einem besonderen Erlebnis werden.

verwaltung@freizeitbad-heveney.de
www.freizeitbad-heveney.de

Erlebnispark Gevelsberg

Kölner Straße 110,
58285 Gevelsberg
Tel. 02332/553433

Öffnungszeiten
Mo-Fr 14-19 Uhr,
Sa/So/Fei/Ferien 10-19 Uhr

Der Indoorspielplatz Erlebnispark Gevelsberg bietet Kindern bis ca. 12 Jahren auf über 5.000 Quadratmetern viele Attraktionen für einen vergnüglichen Aufenthalt. Im Innenbereich, der sich in zwei nebeneinander liegenden Hallen befindet, können die Kinder nach Herzenslust toben. Ein Erlebnis-Klettergerüst mit Iglu, Baumhaus, Dschungel, Wüste und Unterwasserwelt lädt zu einem spannenden Abenteuer auf mehreren Ebenen ein. Für den Geschwindigkeitskick sorgt die 50 Meter lange 4-Bahn-Rutsche Blue Racer und die 35 Meter lange Effekt-Rutschbahn Black Hole. Auf die mutigen Kinder wartet eine 7,5 Meter hohe Kletterwand und wer ein bisschen fahren üben möchte, der findet in der Elektro-Kart-Bahn mit Sicherheit das richtige Gefährt. Und wer sich mal so richtig auspowern möchte, die Super-Trampoline bieten dafür den richtigen Rahmen für Groß und Klein. Die Eltern entspannen sich derweil im gemütlichen Sitzbereich und genießen die vielfältigen Angebote der Gastronomie. Und wenn die Sonne draußen lockt, dann bietet sich ein Besuch der angeschlossenen Außenanlage an. Ein Wasserspielplatz lädt die Kinder an warmen Tagen zu einer Wasserschlacht ein. Unter Wasserfontänen kann sich abgekühlt werden. Außerdem können die Kinder auf kleinen Booten ein Wasserbecken durchqueren und den Mini-Rutschenturm nutzen. Auch hier wartet eine Gastronomie auf die Besucher und wer möchte, kann auf Liegestühlen Ruhe finden.

INFO

Im Erlebnispark Gevelsberg können Kindergeburtstage gefeiert werden. Ein Kindermenü mit Getränk und einem Becher Slush-Eis ist im Preis (16,90 €) inbegriffen. Ab sieben Kindern haben vier Erwachsene freien Eintritt.

info@erlebnispark-gevelsberg.de
www.erlebnispark-gevelsberg.de

Schwimm in Gevelsberg

Ochsenkamp 54,
58285 Gevelsberg
Tel. 02332/6638-0
Öffnungszeiten Freizeitbad
täglich ab 9.30 Uhr

info@schwimm-in-gevelsberg.de
www.schwimm-in-gevelsberg.de

Das Sport- und Freizeitbad in Gevelsberg mit Saunalandschaft, Erlebnisaufgüssen, Massage, Sprungturm, Wasserfall und Strömungskanal ist über die Grenzen der Region hinaus weit bekannt. Außerdem gehören vier Superrutschen zwischen 40 und 80 Meter Länge zum Angebot. Im Kinderbecken sorgen Spielboot, Wasserclown, Delfine und eine Regenbogenrutsche für Abwechslung und Spaß. Je nach Wetterlage ist das Hallenbad oder das angegliederte Freibad, das mit Nichtschwimmerbecken, Planschbecken und einer Liegewiese ausgestattet ist, geöffnet. Ein Gastronomiebereich versorgt die hungrigen Bade- und Saunagäste mit Salaten, Snacks und Getränken. Wer einmal ausprobieren möchte, wie es sich anfühlt mit Tauchgerät unter Wasser zu atmen, kann am kostenlosen Schnuppertauchen teilnehmen. Jeden Freitag ab 19 Uhr bietet der Tauchverein TSV-Deepstop e. V. Kurse an. Anmeldung unter: www.tsv-deepstop.com oder vor Ort jeden Freitag um 19 Uhr am Sprungbecken.

42

Erlebnisbad Hestert

Das Freibad beschert der ganzen Familie ein tolles Badeerlebnis. Ein riesiges Schwimmbecken ist in mehrere Bereiche unterteilt und bietet Groß und Klein ein passendes Angebot: Im Nichtschwimmerbereich gibt es einen ganzen Kinderspielgarten mit Kurzrutschen, Wasserpilz und -schiebern. Ein Bodensprudler, Klettergeräte und ein Planschbecken ergänzen das Angebot. Zudem gibt es in der Badelandschaft ein 50-Meter-Sportbecken, eine Gegenstromanlage, Whirlliegen und zwei Rutschbahnen, die in das normale Tiefwasserbecken münden. Eine 88 Meter lange Rutsche wurde außerhalb des Schwimmbeckens angelegt: In rasantem Tempo rast man steil die Rutsche hinab und landet schließlich in einem eigens für diesen Zweck geschaffenen Pool. Außerhalb des Wassers bieten ein Fußballplatz und eine Beachvolleyballanlage eine sportliche Alternative.

Westfalenstr. 6,
58135 Hagen
Tel. 02331/489220
Öffnungszeiten
Mo-Fr 13-19 Uhr,
Sa/So/Fei/Ferien ab 10 Uhr

info@hagenbad.de
www.hagenbad.de

Freizeitstätte Wittringen

Wittringer Wald,
45964 Gladbeck

Tourist-Info/Gladbeck
Information
Altes Rathaus, Zimmer 19
Willy-Brandt-Platz 2,
45964 Gladbeck
Tel. 02043/992244
info@stadt-gladbeck.de

Öffnungszeiten
Mo-Do 8.30-15.30 Uhr,
Fr 8.30-12 Uhr

INFO

Die Sportanlagen sowie Minigolf sind kostenpflichtig.

Eintritt frei

Rund um das traditionsreiche Wasserschloss „Wittringen" entstand bereits in den 1920er Jahren eine Erholungsanlage zum Wohle des Volkes. Heute trägt sie nach zahlreichen Um- und Ausbaumaßnahmen den Namen „Freizeitstätte Wittringen". Neben der 91 Hektar großen Waldfläche, in der das Wasserschloss liegt, beherbergt die Freizeitstätte Liegewiesen, Grillplätze und ein Waldschwimmbad mit Zehn-Meter-Turm und vier Schwimmbecken. Unweit liegt das Gladbecker Stadion, ehemals Vestische Kampfbahn. Ein Abenteuerspielplatz mit Wasserspiel, Seilbahn und Riesenschaukel bietet ein breites Angebot an Möglichkeiten sich auszutoben. Darüber hinaus gibt es ein Vogelwarmhaus mit Streichelzoo, eine Boule- und eine große Tennisanlage mit zehn Sandplätzen sowie zwei Minigolfanlagen. Das Wasserschloss selbst beherbergt heute das Stadtmuseum sowie ein Restaurant, ganz in der Nähe befindet sich die Vogelinsel im Schlossteich.

Atlantis

Das Erlebnisbecken unter der UV-durchlässigen Kuppel ist das Herzstück des Atlantis. Hier können die Besucher einen Tag wie im Urlaub verbringen und in der Tropenlandschaft mit echtem Pflanzenbewuchs rund um den Ostseekutter „Ole Wismar" entspannen. Die Kleinen können im Kleinkinderbecken mit krabbeltiefem Wasser plantschen. Ein kleines Highlight ist neben dem Wasserfall die Regenbogenrutsche. Fünf High-Tech-Rutschen mit einer Gesamtlänge von 390 Metern begeistern kleine und große Abenteurer. Von der Blue Dolphin-Rutsche hat man eine Aussicht auf die gesamte Wasserlandschaft, die Silver Slider im Außenbereich verspricht eine Abkühlung. Die Smaragd Slide bezwingt man mit Rutschen-Reifen, Geschwindigkeit und Spannung versprechen die Speed Shark und die 120 Meter lange Black Mamba. Ab den Osterferien bis zum Ende der Herbstferien sind die Außenbecken geöffnet und laden zum Schwimmen unter freiem Himmel ein. Auf dem Kleinkindbereich im Freien dürfen die Kids im Sand spielen und rummatschen. Neben der Liegewiese gibt es einen Beach-Court für Spielfreudige mit Beach Soccer, Volleyball und Federball. Für das leibliche Wohl sorgt die hauseigene Gastronomie im Innen- und Außenbereich.

Konrad-Adenauer-Platz 1,
46282 Dorsten
Tel. 02362/95170

Öffnungszeiten Spaßbad
Mo 10-21.30 Uhr, Di-Do 8-21.30 Uhr, Fr 8-23 Uhr, Sa 10-23 Uhr, So 9-21 Uhr, Fei 9-22 Uhr

info@atlantis-dorsten.de
www.atlantis-dorsten.de

Naturwildpark Granat

Granatstr. 626,
45721 Haltern am See
Tel. 05975/935-37
Öffnungszeiten
täglich 10-18 Uhr

Ein wahrhaft seltenes und beeindruckendes Erlebnis für jeden Besucher. Jung und Alt haben hier hautnahen Kontakt mit der vielfältigen Tierwelt, die in freier Wildbahn sehr scheu und zurückgezogen lebt. Der Naturwildpark im Übergang zwischen Ruhrgebiet und Münsterland beherbergt auf einer Fläche von über 600.000 Quadratmetern ca. 500 Tiere, die sich nahezu alle frei im Gelände bewegen. Im Park leben Sika- und Rothirsche, Mufflon, Damwild, Guanako und Hängebauchschweine wie in freier Natur. Nur die Strauße, Luchse, Wölfe, Nerze, Kängurus und Wildschweine leben zu ihrem und zum Schutz der Besucher des Parks im Freigehege und können von dort aus beobachtet werden. Im Feuchtbiotop kann man das Leben in seiner ganzen Vielfalt be-

wundern. Hier leben unter anderem Koikarpfen, Wasserschildkröten, Frösche und Kröten. In den Volieren werden Sittiche, Tauben, Fasane und Hühner vieler Rassen, Farben und Arten gehalten. Im Freilauf sind Pfauen, Perlhühner, Enten und Gänse zu sehen. Zahlreiche Wander- und Radwanderwege führen über das Areal. Für Kinder stehen außerdem ein großer Spielplatz und ein 140 Quadratmeter großes Hüpfkissen zur Verfügung.

INFO

Ein schöner Service sind die im gesamten Park verteilten Tische und Bänke, die für ein Picknick zur Verfügung stehen. Wer sich nichts von Zuhause mitgebracht hat, findet zur Verköstigung einen Kiosk im Park.

info@naturwildpark.de
www.naturwildpark.de

Freizeitpark Ketteler Hof

Rekener Str. 234,
45721 Haltern am See
Tel. 02364/3409
Öffnungszeiten
April bis Oktober:
täglich 9-18 Uhr

INFO
Das Mitbringen von eigenen Speisen und Getränken ist im Park gestattet, ausgenommen ist der Indoor-Bereich.

Der Ketteler Hof in Haltern am See ist genau das Richtige für Familien mit Kindern. Der einzigartige Spiel- und Mitmachpark bietet auf rund 12 Hektar Fläche viele Möglichkeiten, spielerisch und kreativ die eigene Umwelt zu entdecken und von ihr zu lernen. Insgesamt stehen mehrere hundert Einzelspielgeräte in insgesamt 44 Spielbereichen zur Verfügung. So können die Kinder u. a. über ein Leitungssystem selbst Wasser fördern, um Mühlenräder anzutreiben, im Seilwald oder ins Räubernest klettern. Aktives Mitmachen steht also im Mittelpunkt. Der Park hat jedoch noch einiges mehr im Programm: Sommerrodelbahn, Riesensprungkissen, Spiel- und Kletterhafen, Wichteldorf, Tret-Cart-Bahn, Märchenschloss und -wald und Wellenrutsche sind nur einige von zahlreichen Attraktionen. Hervorzuheben ist

schließlich das große Tiergehege, in dem sich Damwild, Schafe, Ziegen und Meerschweinchen befinden, die von den Kindern gestreichelt und gefüttert werden dürfen. Beim Naturerlebnispfad lernen die Kinder die heimische Pflanzen- und Tierwelt bei einer spielerischen und abenteuerlichen Reise mit allen Sinnen zu entdecken. Seit 2017 steht für alle Besucher auch ein großer Indoor-Spielplatz mit verschiedenen Spielwelten zur Verfügung. Im Bergpanorama können erste Erfahrungen an der Steilwand gesammelt werden. Im Dschungel werden abenteuerliche Hängebrücken, wackelige Stege und Strickleitern erklommen, die sicher ins Baumhaus führen. In der Afrika-Welt kann über einen Fluss der Erdmännchenbau erreicht werden. Aber Vorsicht vor den Krokodilen!

★ TIPP

In der Indoorhalle können Kindergeburtstage gefeiert werden. Im Paket sind Speisen und Getränke enthalten.

info@kettelerhof.de
www.kettelerhof.de

Freizeitpark Ketteler Hof

Bauspielfarm

Lülfstraße 69,
45665 Recklinghausen
Tel. 02361/83848

Öffnungszeiten Bauspielfarm
April bis September:
Mo-Fr 15-19 Uhr,
Oktober-März:
Mo-Fr 14-18 Uhr
Eintritt: frei

Öffnungszeiten Hochseilgarten
April bis September:
Termine nach Vereinbarung

In Recklinghausen-Suderwich befindet sich ein pädagogisch betreuter Erlebnis- und Abenteuerspielplatz. Hier wird Kindern und deren Familien die besondere Möglichkeit gegeben, sich naturnah auszutoben, frei und laut zu spielen, zu klettern, zu forschen, viele tolle Dinge zu entdecken und neue Menschen kennenzulernen.
Die Bauspielfarm ist in verschiedene Bereiche eingeteilt: Neben der Ritterburg gibt es den Wasserspielplatz, die Feuerstelle, den Baubereich, zwei große Trampoline, eine Nestschaukel und den Hochseilgarten. Die Kinder können ihre eigene Bude bauen, lernen mit Pfeil und Bogen umzugehen, ein richtiges Feuer zu machen und anschließend darüber zu kochen, Kettcar fahren, wie ein Pirat über das Wasser segeln, Staudämme bauen, Fußball spielen, Tiere besuchen und viele spannende Erlebnisse haben. Auf dem ca. 20.000 Quadratmeter großen Gelände leben aktuell drei Schafe, vier Esel, sechs Gänse, über zwanzig Hühner und ein Lama, welche gerne gefüttert und versorgt werden.
Das Ferienprogramm umfasst ein Mädchencamp, Vater-Kind-Camp, Outdoor-Action-Camp, Abenteuertage, eine Spielestadt namens „Paulihausen“, Eselwanderungen und vieles mehr. Feste und diverse Projekte komplettieren das Angebot.

info@bauspielfarm-re.de
www.bauspielfarm-re.de

Eintritt frei

Westfälische Volkssternwarte und Planetarium

Zur Westfälischen Volkssternwarte in Recklinghausen zählen zwei astronomische Beobachtungsstationen und ein Planetarium. Die Beobachtungsstationen bestehen aus dem sog. Urania-Tempel, der einen Blick auf die Oberfläche der Sonne gewährt, und einem Teleskop, das zur Beobachtung des Sternenhimmels genutzt wird. Das Planetarium, in dem 74 Personen Platz finden, zeigt in seiner acht Meter durchmessenden Kuppel rund 6.000 Sterne, die das menschliche Auge theoretisch in einer klaren Nacht am Himmel sehen würde. Um auch jüngeren Besuchern astronomisches Wissen verständlich näherzubringen, führt die Volkssternwarte regelmäßig Sonderveranstaltungen für Schulklassen und Familien mit Kindern durch: An jedem Freitagnachmittag um 16 Uhr und alle zwei Wochen am Mittwochnachmittag um 17 Uhr werden Kinderveranstaltungen angeboten.

Stadtgarten 6,
45657 Recklinghausen
Tel. 02361/23134
Öffentliche Veranstaltungen:
Mo/Mi/ Fr 19.30 Uhr;
Familienveranstaltungen:
Fr 16 Uhr und jeden 2. Mi
17 Uhr
Altersempfehlung ab
5 Jahren, Abendveranstaltungen ab 12 Jahren

INFO
Termine und Themen der einzelnen Veranstaltungen entnehmen sie dem Veranstaltungsprogramm auf der Website.

info@sternwarte-recklinghausen.de
sternwarte-recklinghausen.de

Umspannwerk Recklinghausen – Museum Strom und Leben

Uferstr. 2-4,
45663 Recklinghausen
Tel. 02361/984-2216/17

Öffnungszeiten
Mo-Sa 10-17 Uhr, So 10-18 Uhr; im Dezember ist das Museum für Einzelbesucher geschlossen

info@umspannwerk-recklinghausen.de
www.umspannwerk-recklinghausen.de

Deutschlands größtes Elektrizitätsmuseum zeigt, wie die Elektrizität in das Leben der Menschen kam und wie diese Energie Alltag und Arbeitswelt grundlegend veränderte. Auf 2.500 Quadratmetern Ausstellungsfläche wird die Kultur-, Sozial- und Technikgeschichte der Elektrizität in Szene gesetzt. Bedeutendstes Exponat im Museumskomplex ist das Umspannwerk selbst. 1928 als architektonisch ambitioniertes Gebäude errichtet, steht es seit 1991 unter Denkmalschutz. Das Umspannwerk beherbergt eine der wertvollsten Bibliotheken zur Geschichte der Elektrotechnik. Für Familien bietet das Museum ein tolles Angebot an. Eltern und Kinder können gemeinsam durch eine Museumsrallye auf Erkundungstour gehen. 17 Aufgaben gilt es gemeinsam im Museum zu lösen. Die Rallyebögen gibt es kostenfrei am Museumscounter.

Freizeitstätte Stimbergpark / maritimo

Seinen Namen erhielt der Park in Anlehnung an den benachbarten Berg im Naturpark Hohe Mark, den Stimberg. Wer nach dem Ersteigen des 156 Meter hohen Hügels nach weiterer sportlicher Betätigung sucht, kann sich im Stimbergpark ausreichend vergnügen. Die Freizeitstätte hält für ihre Besucher mehrere unterschiedliche Attraktionen bereit, darunter das Frei- und Wellenbad „maritimo" mit Sport-, Freizeit- und Erlebnisbad sowie Saunalandschaft und Wellnessresort und einem großen Freibad sowie einer ambitionierten Gastronomie. Die Attraktionen des Sport- und Freizeitbades sind die zwei Rutschen mit einer Gesamtlänge von fast 200 Metern, darunter die „Black Hole" mit Licht- und Soundeffekten. Für weiteren Wasserspaß sorgen ein großer Kletterberg, Whirlpool, Strömungskanal und Wasserfälle. Am „maritimo Sunbeach" locken Sonnenliegen unter Palmen bei chilliger Musik. Aufgrund von Sanierungsarbeiten ist das Freibad in den Saisons 2019 und 2020 geschlossen.

Am Stimbergpark 80,
45739 Oer-Erkenschwick
Tel. 02368/6980
Öffnungszeiten Sport- und Freizeitbad
täglich 9-19 Uhr,
Sauna/Wellnessbereich:
Mo-Do 9-23 Uhr, Fr/Sa 9-24 Uhr, So 9-21 Uhr

kontakt@maritimo.info
www.maritimo.info

LWL-Industriemuseum Schiffshebewerk Henrichenburg

Am Hebewerk 26,
45731 Waltrop
Tel. 02363/9707-0
Öffnungszeiten ganzjährig
Di-So/Fei 10-18 Uhr
Öffentliche Führungen:
So/Fei 11-12.30 Uhr

TIPP

Mehrmals am Tag startet das Fahrgastschiff „Henrichenburg" im Sommerhalbjahr (April bis Oktober) vom Kai am unteren Vorhafen des Museums zu Touren über die Kanäle. Bitte beachten: Nur Museumsbesucher, die den Eintritt bezahlt haben, können an einer Schiffstour teilnehmen.

schiffshebewerk@lwl.org
www.lwl.org

Ein Familienausflug im Museum, auf dem man auf Entdeckungsreise geht und lernt wie ein Schiffshebewerk funktioniert. Das klingt doch spannend, oder? Für Familien, die das Museum auf eigene Faust erkunden wollen, gibt es an der Kasse eine Entdeckerausrüstung. Damit können die Aufgaben auf dem Weg zum Hebewerk-Diplom gelöst werden.

In der Kinderausstellung begleiten die Figuren „Käpt'n Henri" und „Schiffsjunge Jan" die jungen Museumsgäste. An mehreren Stationen lädt der pfiffige Käpt'n zum Mitmachen und Ausprobieren ein. An einem Bilderkarussell gibt es die Möglichkeit mit Comicfiguren ein Schiff zu heben und zu senken. Für weiteren Spaß am Entdecken sorgt das Hebewerkmodell, wo Kinder mit Wasser und Schiff experimentieren dürfen und dabei das Geheimnis der schwebenden Schiffe lüften können. Am Unterwasser gibt es vieles zu entdecken, zum Beispiel, wie ein Schiffsjunge auf dem Motorgüterschiff „Franz-Christian" früher gelebt und gearbeitet hat.

Eine Attraktion für Kinder ist der Wasserspielplatz am Oberwasser mit Rutsche, Kletterwand, Tarzanschwinger, Floß und viel Wasser. Highlight ist ein künstlicher Wasserlauf mit einem Modell des Schiffshebewerks, in dem die Kinder per Kurbel kleine Flöße auf und ab bewegen können. Ein anderer Spielplatz besteht aus Teilen eines Holzschiffes, das zum Klettern und zu Piratenspielen einlädt.

NIXE

Schiffshebewerk Henrichenburg

Erlebniswelt am Fredenbaum – Big Tipi

Lindenhorster Str. 6,
44147 Dortmund
Tel. 0231/2866898-0

Öffnungszeiten
Mi-So 10-18 Uhr, offenes Klettern So 13-18 Uhr.
Je nach Angebot können Kosten anfallen.

Mit dem fast 35 Meter hohen Big Tipi, dem größten Indianerzelt der Welt, ist im Fredenbaumpark ein Kletter- und Eventzentrum für Junge und Junggebliebene entstanden. Das Zelt mit seinem Durchmesser von ca. 25 Metern und einer Grundfläche von über 360 Quadratmetern – der Mittelpunkt der Erlebniswelt Fredenbaum – beinhaltet im Inneren ein Kletterseilgarten in 6 bis 18 Metern Höhe mit fünf verschiedenen Stationen. Es gibt noch mehr Aktionen für Schwindelfreie: 5 bis 25 Meter hohe Kletterbäume auf dem Gelände der Erlebniswelt am Fredenbaum, 7 bis 10 Meter hohe Kletterelemente im kleinen Wald und ein Niedrigseilgarten in 1 bis 2 Meter Höhe auf dem Gelände der Erlebniswelt am Fredenbaum, sowie der aufblasbare neun Meter hohe Kletterturm „EIGER".Gleichzeitig gibt es hier noch jede Menge anderer Angebote: einen Tierbereich, ein Waldareal, eine Feuerstelle, ein kleines Tipi-Dorf, den Nordstrand sowie verschiedene Spiel- und Sportmöglichkeiten. Die Spielstätten sind als Erlebnisräume gedacht, die Erfahrungen in den Bereichen „Mensch", „Natur" und „Technik" ermöglichen. Im Vordergrund stehen z. B. teambildende Maßnahmen zur Stärkung der Sozialkompetenz oder sensitiv- sinnliche Übungen zum bewussten Naturerleben.

INFO
Die Angebote rund um Klettern und Bogenschießen werden nur angeboten in der Hauptsaison von April bis Oktober.

INFO
Der Hochseilgarten ist erst ab einer Größe von 1,30 m zugänglich.

bigtipi@dortmund.de
www.bigtipi.dortmund.de

Eintritt frei

DASA Arbeitswelt Ausstellung

Friedrich-Henkel-Weg 1-25
44149 Dortmund
Tel. 0231/9071-2479
Tel. 0231/9071-2645
(Führungen)

Öffnungszeiten
Mo-Fr 9-17 Uhr,
Sa/So 10-18 Uhr
Führungen nach Vereinbarung

Dass sich hinter dem Kürzel DASA ein ganz besonderes Museum versteckt, macht schon das Hausmotto „Begreifen durch Be-Greifen" klar – ein Ort des Entdeckens und Experimentierens.
Die Ausstellung deckt viele Aspekte der industriellen Beziehung zwischen Mensch, Arbeit und Technik ab. Dargestellt wird das menschliche Arbeitsleben: von der Buchdruckerwerkstatt zum Webstuhl, von der Fließband- zur Schichtarbeit, von sinnlich wahrnehmbaren zu unsichtbaren Gefahren. Die „Upcycling-Aktion" zeigt, wie aus scheinbarem Abfall Neues entstehen kann. Und die Kinderbaustelle gewährt dem Nachwuchs spielerische Einblicke in die Arbeitsabläufe des Bauwesens.
Ein echtes Highlight und europaweit einzigartig ist der dem Tower des Dortmunder Flughafens nachempfundene Flugtower-Simulator. Er ergänzt den nebenan stehenden Airbus A320-Flugsimulator.

INFO
Ein tolles Ferienangebot für Kinder aller Altersstufen ist die Rubrik „die Selbermacher". Hier stehen Basteltische mitsamt Anleitungen, die selbsterklärend sind, an denen dennoch Kreativität und Erfindungsreichtum gefragt sind.

besucherdienst-dasa@baua.bund.de
www.dasa-dortmund.de

Kindermuseum Adlerturm

Im Kindermuseum Adlerturm können die Kleinen Spannendes über die Dortmunder Stadtgeschichte und Archäologie im Mittelalter erfahren. Gemeinsam mit Agnes von der Vierbecke, dem Heiligen Reinoldus und Bürgermeister Klepping wird Dortmunder Stadtgeschichte erlebt. An zahlreichen Mitmachstationen wie Kleider- und Rüstkammer oder Hör- und Riechstationen können Kinder das Mittelalter mit allen Sinnen begreifen und in eine vergangene Welt eintauchen. Sie reisen in das 14. Jahrhundert, als Dortmund eine bedeutende Reichs- und Hansestadt war. Neugierige und Spürnasen dürfen den Turm auf eigene Faust erobern.

Günter-Samtlebe-Platz 2,
44135 Dortmund
Tel. 0231/50-26031

Öffnungszeiten
Di/Mi/Fr 10-13 Uhr, Sa 12-17 Uhr, Do/So 10-17 Uhr
Eintritt: frei
Führungen Turmführung für Familien: jeden 4. So im Monat 14-15.15 Uhr
Altersbeschränkung: 4-12 Jahre

INFO
Kindgerecht durch die Geschichte führt Artur, der Wächter vom Adlerturm. Das „Adlerstübchen" steht für Bastelangebote und Workshops zur Verfügung.

adlerturm@dortmund.de
www.dortmund.de

Eintritt frei

Revierpark Wischlingen

Höfkerstr. 12,
44149 Dortmund
Tel. 0231/9170710
Sole- und Allwetterbad
Öffnungszeiten
Mo-Fr ab 8 Uhr, Sa/So ab 9 Uhr

Corrida's Minigolf & Bootsverleih
Öffnungszeiten
April-September/Oktober:
Di-Fr 16-20 Uhr, Sa/So/Fei 12-20 Uhr, in den Ferien werktags ab15 Uhr
Bei Regenwetter geschlossen!

Hochseilgarten tree2tree
Tel. 0231/1765325
www.tree2tree.de
info@tree2tree.de
Öffnungszeiten
s. Website
Bubble Football ist nur per Voranmeldung/Terminbuchung möglich.

Eislaufsaison:
Oktober bis März
Nähere Informationen s. Website

Der Revierpark Wischlingen gehört zu einem der fünf Revierparks im nördlichen Ruhrgebiet, die in den 1970er Jahren entstanden sind. Auf einer Gesamtfläche von 39 Hektar bietet er mehrere überdachte Sport- und Freizeitanlagen sowie ein großes Areal im Freien. Liegewiesen, Wasserflächen mit Bootverleih, Spazierwege, Grillplätze, Minigolfanlage sowie mehrere Spiel- und Sportflächen. Es kann klassisch Fußball gespielt werden oder Basketball, Tennis und Tischtennis. Wer eine aktuellere Sportart spielen möchte, der wird hier auch fündig: im Angebot sind eine Disc-

Golf-Anlage und der Funsport Bubble Football. Ein Hochseilgarten mit 235 Meter langer Seilrutsche bietet ein weiteres Abenteuer. Ergänzt wird das große Angebot durch eine Eissporthalle mit zwei Eislaufflächen auf zwei Ebenen und einem Sole- und Allwetterbad mit Salzgrotte. Über den Park verteilt gibt es ausgedehnte Rasenflächen zum Spielen und Tollen. Kleinkinder können auf kindgerechten Spielanlagen toben. Besonders beliebt ist der Wasserspielplatz, der über Pumpen mit Wasser aus dem See gespeist wird und zum Planschen einlädt.

TIPP

Am Sandkasten an der Wohnmobilstellplatz-Anlage stehen Kletternetz, Free-Climbing-Wand und Sprossenwand für kleine Bergsteiger zur Verfügung.

INFO

Der Eintritt in den Park ist frei, besondere Freizeitangebote sind kostenpflichtig (z. B. Hochseilgarten, Sole- und Allwetterbad, Eislaufbahn).

info@wischlingen.de
www.wischlingen.de

Eintritt frei

Westfalenpark

Westfalenparkbüro
An der Buschmühle 3,
44139 Dortmund
Tel. 0231/50-26100
Öffnungszeiten
täglich 9-23 Uhr
(Eingang Florianstraße)

Das beliebte Freizeit- und Erholungsgebiet erstreckt sich auf rund 70 Hektar. Im Zentrum steht der 220 Meter hohe Fernsehturm „Florian", auf dessen Aussichtsplattform man einen schönen Blick auf das Parkgelände und die Stadt erlangt. Ein anderer Blick „von oben" ermöglicht die Seilbahn im Park. Auf Wiesenflächen und mehreren Spielplätzen kann ausreichend gespielt und getobt werden. Wer das Gelände nicht zu Fuß abwandern möchte, kann mit der Schienenkleinbahn fahren, per Tretboot oder Floß die Gegend erkunden.
Im Winter kann man auf den zugefrorenen Wasserflächen eislaufen und auf einer eigens angelegten „Park-Loipe" sogar Langlauf betreiben. Im nostalgischen Puppentheater können Aufführungen mit Handpuppen und Marionetten in den Sommermonaten fast jeden Sonntag besucht werden. Auf der Polizei-Puppenbühne werden lehrreiche Puppenstücke rund um den Straßenverkehr für Schulkinder aus Dortmund und Lünen aufgeführt. Das Regenbo-

genhaus bietet einen Ort zum Spielen, Basteln, Klettern und Toben, sonntags ist hier Kinderkulturcafé mit Theater- und Märchenaufführungen. Darüber hinaus bietet das Naturschutzhaus Schulen, Kindergärten und Gruppen die Möglichkeit, die Natur näher spielerisch kennenzulernen. Der Spielbogen mit dem Sehen-Hören-Fühlen-Parcours bietet viele Abenteuer auf einem 1,8 km langen Erlebnispfad. Dort trifft man auf Klang- und Fühlwände, Windspiele, Spiegelkabinett, Balancierscheiben, Klettergerüst und auf eine Holz- und Tonbaustelle.

★ INFO

Das Kindermuseum mondo mio! befindet sich inmitten des Westfalenparks. Wer sich für fremde Kulturen interessiert und auf eine spannende Entdeckungsreise gehen möchte, der ist hier genau richtig. Nähere Infos: s. S. 104

westfalenpark@dortmund.de
www.dortmund.de

mondo mio! Kindermuseum im Westfalenpark

Florianstr. 2,
44139 Dortmund
Tel. 0231/5026127
Öffnungszeiten
Di-Fr 13.30-17 Uhr
(Ferien bis 18 Uhr),
Sa/So/Fei 11-18 Uhr

Ein Highlight im Freizeitprogramm des Ruhrgebiets! Untergebracht in der Florianhalle im Dortmunder Westfalenpark, steht das Kennenlernen fremder Völker und Kulturen im Mittelpunkt. Wie leben Kinder in anderen Ländern? Was ziehen sie an? Was essen sie? Einmal auf Weltreise, zeigt das Museum Kindern an über 30 interaktiven Spiel- und Mitmachstationen, dass ihre Altersgenossen auf anderen Kontinenten ganz anders leben. Kinder erleben, wie es sich anfühlt, wenn das Wasser aus einem Brunnen geholt werden muss oder wie es sich ohne Stromversorgung lebt. Kleidung aus aller Welt steht zum Anprobieren bereit. Im Färbergarten lernen sie, wie man Naturfarben aus Pflanzen herstellt.

Der Stationsweg regt zum Mitdenken und Mitmachen an. So können die Besucher z.B. im „karibischen Haus der Musik" ihr musikalisches Talent an Steeldrums, Trompeten oder Xylofonen ausprobieren, im „Jenseits" Beerdigungsrituale aus Mexiko oder Madagaskar kennenlernen oder im

INFO

Das mondo mio! wurde 2013 von der UNESCO als offizielles Projekt der UN-Dekade „Bildung für nachhaltige Entwicklung" ausgezeichnet.

Diorama „Licht in Tibet“ verstehen, welche Auswirkungen die Einführung der Elektrizität auf das Leben in einem tibetanischen Bergdorf hatte.

Im Bereich der Dauerausstellungen zeigt „Nijambo – Energie für die Zukunft“, wie unser Alltag mit dem Leben von Menschen in anderen Ländern verbunden, während „Weltenkinder“ sich mit der Frage beschäftigt: „Was brauche ich, um mich zuhause zu fühlen?“

Das Museum mondo mio! ist – nicht nur für die Kinder – eine lohnenswerte interkulturelle Erfahrung.

info@mondomio.de
www.mondomio.de

Freizeitanlage Cappenberger See

Wehrenboldtstraße,
44534 Lünen

Freibad Cappenberger See
Cappenberger See 1,
44534 Lünen
Tel. 02306/53269

Öffnungszeiten Freibad
täglich 8-20 Uhr (bei sommerlichen Temperaturen)

info@baeder-luenen.de
www.baeder-luenen.de

Eintritt frei

Der Cappenberger See liegt südlich des Forstes Cappenberg, zwischen Richard-Schirrmann-Weg und Wehrenboldstraße. Neben den vielen Freizeit- und Erholungsstätten der Revierstadt wie Lippe, Seepark Lünen und Datteln-Hamm-Kanal stellt der Cappenberger See eine bedeutsame Freizeitanlage dar. Wer auf der Suche nach aktiver Erholung ist, kann hier eine Ruder- oder Tretboot-Tour unternehmen oder sich im benachbarten Freibad mit vier Schwimmbecken, Kletterhügel, Felsstrudel, Spritzdüsen, Schiffchenkanal, Sprudelpilz und einer 75 Meter langen Kurvenrutsche austoben. Gastronomie und Liegewiesen sind ebenfalls vorhanden. Am Westufer des Sees liegen Tennisplätze und ein Sportplatz, auf der gegenüberliegenden Seite die Jugendherberge.

GeoCaching

Die Schatzsuche in der Zukunftsversion! Geocaching ist mit einer modernen Schnitzeljagd zu vergleichen, bei der es mit GPS-Gerät und einem Rätselbogen kleine Schätze zu entdecken gilt. An mehreren Stellen im Gelände werden Nachrichten oder Informationen in Form von kleinen „Caches" (Schätze) versteckt, die wiederum teils verschlüsselte Informationen über weitere Caches beinhalten. Das heißt: Jeder Fund gibt einen Hinweis auf das nächste Ziel. Am Ziel befindet sich der finale Cache, den es in möglichst kurzer Zeit zu entdecken gilt. Die Schatzsuche bietet ein tolles Abenteuer für Groß und Klein, in der Regel für Teams zu je vier Personen. Touren finden u. a. auf der Lippe oder auf der Bergehalde „Großes Holz" in Bergkamen statt. Gruppen können individuell weitere Absprachen mit dem Veranstalter treffen.

Lippetouristik GmbH / e.V.
Naturerlebnistouren
Münsterstr. 1d,
44534 Lünen
Tel. 02306/781007
info@lippetouristik.de
www.lippetouristik.de

INFO

GeoCaching kann in verschiedenen Varianten gebucht werden. Man kann die Schatzsuche mit dem eigenem Pkw abfahren, zu Fuß gehen in Form einer Wanderung, mit dem Rad fahren oder mit dem Kanu nach den Hinweisen und dem Schatz suchen.

Seepark

Parkmöglichkeiten
Scharnhorststraße/
Schwansbeller Weg 3,
44532 Lünen

Seekiosk am Horstmarer See
Schwansbeller Weg 100,
44532 Lünen

TIPP
Es gibt einen ausgewiesenen Grillplatz, Einweggrills sind verboten. Gastronomische Angebote gibt es auch an der Seeterrasse stärken oder etwas weiter am Kiosk im Preußenhafen.

INFO
Der Park entstand im Rahmen der Landesgartenschau 1996 auf einer ehemaligen Bergbaufläche der Zeche Preußen.

www.luenen.de/seepark

Auch auf dem ca. 60 Hektar großen Parkareal, im Osten des Ruhrgebiets, sind die Spuren des Bergbaus heute noch sichtbar: Mitten im Seepark Lünen findet sich das „Horstmarer Loch", eine Bergsenkung, die an ihrer tiefsten Stelle zwölf Meter unter der sonstigen Höhe des Geländes liegt. Nach der Stilllegung der Zeche wurde der gesamte Bereich umgestaltet und zu einem schönen Ausflugsziel für Familien mit Kindern. Der gesamte Bereich wurde zum Spiel- und Aktionsraum umfunktioniert. Den kleinen Parkbesuchern stehen viele Spielmöglichkeiten mit Rutschen, Sand- und Ballspielflächen zur Verfügung, zudem gibt es eine Discgolf-Anlage. Heute befindet sich im „Horstmarer Loch" eine Felsbühne, auf der Theater- und Konzertaufführungen stattfinden. Am „Horstmarer See" wurde ein 5.000 Quadratmeter großer Sandstrand mit Bäumen und Liegewiesen angelegt, man kann hier kostenlos baden und sich sonnen. Wer den Seepark mit seinen Baumalleen, Wiesenflächen, Rosen- und Staudengärten in seiner Gesamtheit von oben betrachten will, der sollte auf die Spitze der Halde steigen, von der aus man einen guten Ausblick auf den Datteln-Hamm-Kanal und die umliegende Städtelandschaft hat.

Eintritt frei

Freibad Schöne Flöte

Steinbruchstr. 38,
59439 Holzwickede
Tel. 02301/91200-0
Öffnungszeiten
Freibadsaison ab
Anfang Mai:
Mo-Sa 10-20 Uhr,
So/Fei 9-20 Uhr

Schöner Name, schöne Anlage. 15.000 Quadratmeter Liegefläche mit vielen Bäumen, ein Schwimmerbecken mit Sprunganlage, ein beheiztes Nichtschwimmerbecken mit Sprudelliege, Massagedüsen und Wasserspeier sowie ein Aktionsbecken, ebenfalls beheizt und ausgestattet mit einer 40-Meter-Spiralrutsche, bilden ein verlockendes Angebot. Für die Kleinen gibt es ein Planschbecken mit Wasserpilz und Elefantenrutsche, für Sportler eine Beachvolleyball-Anlage. In der „Schönen Flöte" sind zudem eine Sauna und das Fitness-/Gesundheitszentrum „Fit ,n' Well" untergebracht.

schoenefloete@holzwickede.de
www.holzwickede.de

Kluterthöhle

Vor ca. 385 Millionen Jahren brandete in Ennepetal ein tropisches Meer an die Ufer des Urkontinents mit seinem vorgelagerten Korallenriff. Heute befindet sich an gleicher Stelle die Kluterthöhle, eine der größten Natur- und Schauhöhlen Deutschlands mit 380 Gängen und, nach bisherigem Stand der Vermessungen, von fast 5.800 Metern Länge, mit einer Höhendifferenz von ca. 35 Metern. Unterirdische Seen, Bäche, bizarre und geheimnisvolle Gänge befinden sich in der Höhle. Während einer Führung zusammen mit einem der Höhlenführern, können die Besucher dabei in die faszinierende Welt eines versteinerten Korallenriffs eintauchen und entdecken dabei die außerordentlich gut erhaltenen Fossilien

Gasstraße 10,
58256 Ennepetal
Tel. 02333/9880-11

Öffnungszeiten
täglich zwischen 9.30-17 Uhr
(Besuch der Höhle nur
zu Führungszeiten)

INFO

Seit 1954 ist die Kluterthöhle ein anerkanntes klimatisches Heilzentrum, nachdem festgestellt worden war, dass besonders Asthmatiker nach längerem Aufenthalt in der Höhle eine spürbare Linderung ihrer Atemnot erfuhren. Auslöser sind die sehr hohe relative Luftfeuchtigkeit in der Höhle, die niedrige Temperatur sowie die allergen- und staubarme Luft. In der Höhle herrscht eine konstante Temperatur von 10 Grad Celsius.

In der Nähe

Für diejenigen, die mehr Natur entdecken wollen: Besuchen Sie das Naherholungsgebiet Hülsenbecker Tal mit Wildgehegen und Vogelvolieren. Das Hülsenbecker Tal ist Ausgangspunkt verschiedener Wandertouren.

und mehr als 100 verschiedene Tierarten. Es gibt zahlreiche Führungen, bei denen die Höhle erkundet werden kann. Einen ersten Überblick über die Kluterthöhle selbst gewinnt man bei der Führung „Erste Einfahrt". Hier erfahren die Besucher viel Wissenswertes über die Entstehung der Höhle und deren Nutzung seit ihrer Entdeckung. Wer geologisch interessiert ist, besucht die „Fossilienreise", bei der die Fossilien des Korallenriffs im Fokus stehen. Historisch interessierte Besucher können sich auf eine „Zeitreise" durch 385 Mio. Jahre Erd- und Zeitgeschichte begeben. Die jüngeren Kinder lernen die Höhle spielerisch auf der Suche nach dem Schatz von König Kluti kennen. Robben, Krabbeln und Kriechen – teils in völliger Dunkelheit und durch enge Höhlengänge – sind bei den Erlebnistouren (für alle Kinder ab acht Jahren) ausdrücklich erlaubt. Als Ergänzung zum Besuch der Kluterthöhle wird ein Besuch des Infozentrums zum Thema Höhle und Karst des GeoPark Ruhrgebiet e. V. empfohlen, welches sich direkt an der Kasse der Kluterthöhle befindet.

info@kluterthoehle.de
www.kluterthoehle.de

Krenzer Hammer

Peddenöde 3,
58256 Ennepetal
Tel. 02333/74903

Öffnung der Schmiede
Fr ab 15 Uhr, jeden 1. Sa im Monat ab 10 Uhr

TIPP
Kindergeburtstage können im Krenzer Hammer gefeiert werden. Jedes Kind darf am Amboss ein kleines Schmiedestück schmieden und mit nach Hause nehmen.

Der Krenzer Hammer ist eine historische Werkzeugfabrik im Tal der Ennepe. Die letzte noch produzierende Freiformschmiede im Ennepetal stellt Spezialwerkzeug für verschiedene Berufsgruppen her. Der Förderverein Krenzer Hammer e.V. hat sich zusammengeschlossen, um dieses historische Kulturgut zu erhalten und nach außen zu öffnen. Das bedeutet, für Schulen und andere Interessenten wird dieses Handwerk in Besichtigungen und Führungen erlebnisnah dargestellt. Unter Aufsicht ist es auch möglich, selbst einmal Hand anzulegen und ein kleines Schmiedestück herzustellen.

info@krenzer-hammer.de
www.foerderverein-krenzer-hammer.de

Maxipark

Auf dem Gelände förderte damals die Zeche Maximilian ihre Kohle, nach deren Stilllegung eröffnete hier 1984 die erste Landesgartenschau NRWs. Heute ist der Maxipark eine der großen Parkanlagen des Reviers mit etlichen Freizeitangeboten: Ein sechs Kilometer langes Netz von Spazierwegen führt durch bunte Gärten, jahreszeitlich wechselnde Beete, über urwüchsiges Haldengelände, vorbei an einem Teich- und Sumpfgebiet bis hin zu verschiedenen Themengärten.

Am künstlich angelegten Maximiliansee laden die Seeterrassen mit Gastronomie zu einer gemütlichen Ruhepause ein. Das Kinderspielland ist eine Spiel-, Spaß- und Abenteuerinsel für entdeckungslustige

Alter Grenzweg 2,
59071 Hamm
Tel. 02381/98210-0

Öffnungszeiten

April bis September:
9-21 Uhr,
Oktober bis März:
10-19 Uhr

★ INFO
Die Hammer Modell- und Gartenbahn Freunde e. V. betreibt im Maxipark eine Dampf- und Gartenbahn. Sie finden diese in der Nähe des Südeingangs.
Fahrten zwischen dem 1. Mai und Ende Oktober So/Fei 13-17 Uhr

Kinder. Auf insgesamt über 6.500 Quadratmetern gibt es drei Spiellandschaften: In der Alten Mine gehen die Kids auf spannende Schatzsuche, auf dem Dschungelspielplatz mit seinen Kletternetzen sind Geschicklichkeit und Mut gefragt, z. B. beim Balancieren über den Fluss oder beim Schwingen an der Liane, und auf dem Wasserfontänen-Feld kämpfen die kleinen Piraten an der Krake und den zahlreichen Wasserfontänen fantasievolle Wasserschlachten. Ein Spielplatz und ein Kletterparcours für Kleinkinder gehö-

ren auch zum Angebot. Der Park beherbergt außerdem das größte tropische Schmetterlingshaus NRWs. Bis zu 80 verschiedene Schmetterlingsarten aus den tropischen Regionen von Süd- und Mittelamerika, Afrika, Thailand, Malaysia und den Philippinen leben im Laufe einer Saison dort. Die Schmetterlinge fliegen frei durch das rund 450 Quadratmeter große Tropenparadies.

In der Waschkaue und der Elektrozentrale werden darüber hinaus vielfältige Kultur- und Unterhaltungsprogramme angeboten.

★ TIPP

Der weithin sichtbare Glaselefant ist das Wahrzeichen der Stadt Hamm. Der Künstler Dr. Horst Rellecke verwandelte die ehemalige Kohlenwäsche der Zeche in die heute begehbare Plastik. Fahren Sie im gläsernen Rüssel nach oben und genießen einen wunderbaren Panoramablick aus 35 Metern Höhe über das gesamte Parkgelände, über die Stadt Hamm und über das grüne westfälische Umland.

info@maximilianpark.de
www.maximilianpark.de

Maximare

Jürgen-Graef-Allee 2,
59065 Hamm
Tel. 02381/878-0
Öffnungszeiten Aquawelt
Mo-Fr 8-22 Uhr,
Sa/So 9-22 Uhr,
Sportbad: Mo 6-15 Uhr, Di-Fr 6-22 Uhr, Sa/So/Fei 9-22 Uhr

Die Erlebnistherme hat für jeden etwas zu bieten: egal ob es sportlich, spaßig, abenteuerlich oder entspannend sein soll. Die Wellen- und Erlebnisbecken sind über einen Kanal verbunden. Hier können die eigenen Kräfte im starken Strömungskanal getestet werden oder man lässt sich mit dem Strom treiben. Düsen, Sprudel und der Wasserfall sorgen hier jedenfalls für puren Badespaß! Im Unterwasseraquarium lässt sich eine spannende Fischwelt beim Tauchgang im Wellenbecken beobachten. Schwimmer ab acht Jahren dürfen auf die abenteuerliche 100 Meter lange Wildwasserrutsche „RIOMare", mit Überhol- und Abkürzungsspur. Die 95 Meter lange rote Reifenrutsche bietet Spaß für jedes Alter. Auf Ringen geht es abwärts ins Abenteuer durch Steilkurven. Für ernsthafte Schwimmer gibt es das Sportbecken. Ein Außensolebecken sorgt für Entspannung mit Sprudelliegen, Kaskaden,

INFO

Das Maximare unterhält eine umfangreiche Gastrowelt mit verschiedenen gastronomischen Angeboten. Die Sauna- und Wellnesswelt bietet ein umfassendes Programm für Erwachsene.

Massagedüsen Unterwassermusik. Kleinkindgerechten Spaß bietet das Kleinkindbecken bei 34 °C. Die kleinsten Gäste können hier plantschen, spritzen und rutschen – ein aufregendes und sicheres Erlebnis mit sanften Wasserdüsen. Auch Babys und Kleinkinder können mit einem Elternteil und unter Anleitung eines fachkundigen Personals erste spielerische Erfahrungen im Wasser sammeln. Durchgeführt werden die Kurse im Bewegungsbecken des Maximare bei 35 °C in der oberen Etage im Gesundheitscenter Bad Hamm.

info@maximare.com
www.maximare.com

Tierpark

Grünstraße 150,
59063 Hamm
Tel. 02381/53132

Öffnungszeiten
April bis Oktober: 9-18.30;
November bis März: 9-17 Uhr

INFO
Einen großzügig und neu gestalteten Spielplatz bietet der Tierpark für Kinder aller Altersklassen.

info@tierpark-hamm.de
www.tierpark-hamm.de

Der 1950 nach Kriegszerstörungen wiedereröffnete Tierpark Hamm bietet rund 550 Tiere in 80 Arten. Hervorzuheben sind Albino-Kängurus und Alpakas, beide Arten in begehbaren Gehegen, Erdmännchen, die hier mit Fuchsmangusten zusammenleben, und zoologisch seltene Bestände an Borneo-Gibbons, Madagaskar-Fossas und Tyras. Besonders schön: die Kronenkraniche und Kongopapageien, ebenfalls schön (auf ihre Art): die Australischen Gespensterheuschrecken und die Weißknievogelspinne. Eine Besonderheit ist auch das Reptilienhaus mit seltenen Schlangen wie der Gelben Anakonda und Schildkröten. Kinder können im Streichelzoo am Kinderbauernhof den Tieren ganz nahe kommen.